JN081982

自分も相手も
嫌いにならない
話の聞き方

大野萌子 著

ナツメ社

マンガ ぼく疲れちゃった……

CAFE
お先に失礼しまーす
ふぅ、マスターだいぶ悩んでたなぁ…
あっ
おーいウマさん！偶然だね
あら、タヌキくん
久しぶり！元気だった？
それがさァ～、聞いてヨ～
ペチャクチャ
もうさぁ～さすがのアタシもガックリきちゃって意気消沈って感じで…
うんうんそれはつらいねよく頑張ったよ
でもさぁ、やっぱり心配で…

うーん、
難しい問題
だねぇ…
でしょ？
そうなのよ
ペチャ
クチャ
13

それでさぁ〜
うわぁ！
それはひどい
でしょ？
悲しすぎるわ
そうだよねぇ…
14

アラ！
いけない
もう
こんな
時間！
15

話聞いてくれて
ありがとう！
またね〜！
またね
16

ふぅ〜、
ウマさん
よく話すなぁ。
それにしても
ヘヴィーな
話だった…
17

あっ！いけない
ぼくもブタくんと
待ち合わせなんだ
18

ハァ…
19
おーい
ブタくん
おまたせ〜
タヌキくん!
20
急に呼び出しちゃってごめんね
気にしないで それよりどうしたの?
21
うん。実はさ、昨日…
22
かくかくしかじか
えっ
それは大変だね!
23
あー!! もうおしまいだー!!
うーん… いい方法があればなぁ
24

今日は本当に
ありがとう！
おかげで少し
元気が出たよ
それなら
よかった

もっと気の利いたこと
いえればよかったの
だけど…
タヌキくーん

リスくん！
やっぱり
タヌキくんだ

よく
気づいた
ね
しっぽでスグ分かるよ
元気ないみたいだけど
どうしたの？

なんだか
今日ずっと
みんなの
話を聞いたり
相談を
受けたりして
疲れちゃって
さぁ…
いやはや
そうなんだ

大体みんなさぁ
うん、うん
こっちだって困るよ
困っちゃったんだね
なんでいつも…
ぐちぐち
ごめん
こんなにグチばっか聞いてたら疲れちゃうよね
大丈夫だよ
ついうっかり…
ぼく全然疲れてないよ
えっ⁉疲れてないの？
うん、疲れてないよ～
リスくん、お願いがあるんだけど…
こうしてタヌキくんはリスくんに「疲れない話の聞き方」を教わることにしました

どうして
モヤモヤ
しちゃうの？

／聞き上手さんの＼
聞き疲れタイプ別診断

人と会話するなかで疲れを感じたり、モヤモヤしたりすることがあるのなら、その原因は考え方のクセや行動パターンにあるかもしれません。
自分にあてはまるものにチェックし、
文末にあるA・B・Cそれぞれの数を数えてみましょう。
一番多かったものがあなたのタイプです。

- □ 会話をする前に、内容やセリフをあらかじめ考えておくことが多い——A
- □ 沈黙が苦手で、沈黙になると何か話さなくてはと焦る——C
- □ 相手が話している最中に、思いついたことをつい口に出してしまう——B
- □ 悩みごとを相談されたら、自分の経験を積極的に話す——B
- □ 会話中、相手の表情やしぐさが気になって仕方ないことがある——C
- □ 自分が発した言葉を後悔し、何度も思い返して落ち込むことがある——A
- □ 自分の対応が相手にどう思われたかとても気になる——A

- □ まわりがうるさいと相手の話に集中できない―――C
- □ よく人から相談を受ける方だ―――B
- □ 話題を広げるために、たくさん質問をしてしまう―――A
- □ 重い話は、親身になって真剣に聞くべきだと思う―――B
- □ 相談されたら、役に立つアドバイスをしなくてはと感じる―――B
- □ 言葉の裏にある真意を深読みしてしまう―――C
- □ 悲しい話、暗い話を聞くと自分まで落ち込んでしまう―――C
- □ 自分の意見と違っても、つい相手に同調してしまうことがある―――A
- □ 困っている話を聞くと、何とかしてあげなければ強く思う―――B
- □ ドラマや映画の登場人物に感情移入しやすく、もらい泣きする―――C
- □ 話を切り上げるタイミングをつかむのが苦手―――A

A　　個

B　　個

C　　個

診断結果は次のページへ

診断結果

Aが多かった人
気づかいタイプ

自分がどう思われているかが気になってしまうため、自分の気持ちより相手の気持ちを優先し、結果的に人に振り回されてしまうことも。これだけ気を使っているのだからという気持ちが、相手への依存心や要求につながりやすく、気づかないうちに自分と相手の境界線があいまいになってつらくなる傾向がある。

Bが多かった人
使命感の強いタイプ

何とかしなければという使命感が強く、ものごとに対して「〇〇すべき」という意識も強い。自分に厳しい分、相手に対しても「こうでなければ」という気持ちが働いてしまい、無意識のうちにコントロールしようとしてしまうことも。頑張ってもうまくいかないと、腹立たしさや無力感でつらくなってしまう傾向がある。

Cが多かった人
繊細で敏感なタイプ

繊細で敏感なため、必要以上に相手やまわりの状況を感じ取って疲れてしまう。感情のコントロールが苦手で、その場の雰囲気に巻き込まれやすい。断ることに抵抗があるために、本当はいやなことでもがまんしてしまうことも。相手の怒りや悲しみをダイレクトにキャッチしてダメージを受けてしまう傾向がある。

はじめに

おしゃべりをしたり話を聞いたりしているとき、なんだか上の空になってしまう……。

人と話して別れた後に、ため息をついている自分に気づく……。

そんな「聞き疲れ」を感じている方が増えています。

相手のことを思いやる気持ちが強い「聞き上手さん」ほど、実際にはその思いが相手に伝わらず、からまわりしてしまいがちです。

例えば、一生懸命アドバイスしても、相手から感謝されない。それどころか、不機嫌にさせてしまう。親身に相談にのったのに……と、どっと疲れを感じますよね。

聞き疲れの原因は、「話を聞く以外のこと」にエネルギーを使ってしまっているから。

相手の状況を100％理解しようと、頑張っていませんか？

アドバイスのつもりで、自分の価値観を押しつけていませんか？

必要なのは、ただ、相手に寄りそうことだけ。

ほかのことに心身をすり減らす必要はありません。

相手の話を聞く、自分のことを話す……本当はもっとラクで、楽しくて、心や体があったかくなるような体験です。

話を聞くほどに、あなたも相手も元気が出てくる。そんな方法を、本書で学んでいきましょう

大野萌子

もくじ

第3章 聞き方を変えると人間関係も変わる

第4章 シチュエーション別 話の聞き方のコツ

第5章
気持ちが楽になるプチ習慣

本書の特徴と使い方

本書では「疲れない話の聞き方」について、マンガと本文で解説しています。疲れているときにはマンガだけ読むなど、自由にお使いください。

POINT 1

あなたの悩みがマンガでわかる

各章の頭とすべての項目にマンガを掲載しています。なんとなく疲れちゃう、モヤモヤするなど、あなたの悩みの理由がマンガでわかります。

POINT 2

本文でスッキリ解決

マンガで悩みの正体が見えてきたら、解決できるよう本文で解説しています。

POINT 3

章末まとめで復習できる

各章の最後には「タヌキくんのまとめノート」としてその章の要点がまとめられています。振り返りに活用してください。

本書に登場する動物たち

タヌキくん
町の人気者。最近いろんな人の相談を受けてなんだか疲れぎみ……。

リスくん
いつも冷静なタヌキくんの相談役。ドングリとお茶が大好き。

第1章

どうして聞き疲れてしまうの？

マンガ なんでこんなに疲れちゃうんだろう?

例えば、つらかった話を聞くと、どう感じる?
そりゃあ同じようなつらい気持ちになるよ
つっ
つらい気持ちになる…
それは
ゴク
疲れちゃうよね
うんうん、すごく疲れるって
え!?
あと、

タヌキくんは
相手の話を
聞きながら
何を
考えてる？

そうだ
なぁ…

前にも自分に同じ
ようなことが
あったなぁ、とか
うん
何てアドバイス
してあげたら
この人の役に立つかな
とか考えているよ
そうなんだね

それって
目の前の
人の話に
集中できて
ないんじゃ
ない？

そんなこと
ないよ
ちゃんと
聞いてるよ

でも、いろんなこと
考えながら
聞いてたら、
気持ちが
動いちゃって
忙しいよね？
17

…うん
思考ランナー
ゴゴ
クク
18

それで疲れてる
んじゃないの？
!!!!
19

ボ〜ゼン
ああ
おいしい
20

お茶、
冷めちゃうよ
はっ！
21

聞き疲れの原因①感情の揺れ

相手の感情に引きずられてしまう

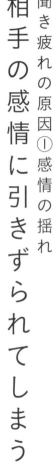

うわーん
悲しいよー

悲しいね…

ハァ…

どうしよう…

うーん

困るねぇ

あぁー
サイテー！

腹立つなぁ

あれ？
ぼくの心って

どんな声
だったっけ？

自分の心で何も感じられなくなっている

冒頭のマンガのタヌキくんのように、**「人の話を聞くと疲れてしまう」**なんてこと、ありませんか？　**それは、相手の感情に引きずられて、同じ気持ちになってしまっているからかもしれません。**もちろん、「そうだよね、私も！」と、相手の話に同意するのは、何もおかしなことではありません。それが自分の素直な気持ちから出た言葉ならば、自分も楽しく、話し手自身も嬉しくなるので、会話がはずみますね。

でも、自分では本当はそう思っていないのに、**相手の感情に引きずられてなんとなく同意しているの**であれば、それが聞き疲れの原因になっているかもしれません。

相手といっしょに笑ったり怒ったりしているのに、実は自分自身は何も感じていない、ということが本当にあるのでしょうか？

それが、あるのです。例えば、「あなたが最近嬉しかったこと、怒ったこと、悲しかったことを教えてください」と聞かれたときに、パッと答えられますか？　答えられない場合、自分の気持ちがわからなくなりかけている可能性があります。

誰もが日常に追いたてられている現代では、ひとつひとつの物事に対してきちんと考えたり、感じたりすることが難しくなっています。そうすると、自分にとって大切なことであっても、流してしまったり、苦しくならないように気持ちにフタをしてしまったりするようになるのです。こうしたことを続けていると、次第に「どんなことに対してどのように感じるか」という判断ができなくなります。

相手に合わせて自分の感情も揺れる

このように**「自分はどう感じるか」という判断基準を持てなくなってしまうと、話し相手の感情に簡単に同意してしまいます。**話し手が「こんなことがあったんだよ。ひどいでしょ！」と言えば、反射的に「何それ、ひっどーい！」と答えます。

このとき聞き手の中では、話し手に引きずられて似たような感情が引き起こされています。そして感情が揺れ動くことで、あたかも同じ経験をしたかのように感じて疲れてしまう……というわけです。

また、相手の話に刺激されて、過去の似たような経験を思い出すことがあると思います。そうすると、そのときに感じていた気持ちもよみがえってくるため、さらに感情が揺れ動くことになります。感情が揺れることは脳にとっては大きなストレスとなるため、結果として疲れてしまうのです。

まとめ

- 忙しい毎日に追われていてると、自分の気持ちを感じ取れない
- 自分の軸がないと、無意識に相手の感情に同意しがち
- 相手といっしょに感情を波立たせることで疲れる

聞き疲れの原因①感情の揺れ
深刻な話を聞いていっしょに落ち込んじゃう

ブタくんに相談されたのに何も言えなくて…
まあまあ、大丈夫だって
はじめからきみにどうにかしてもらおうなんて、思っていないんだから
えっ
ほっ
胸いっぱいになった苦しい気持ちを
ブタくんは吐き出したかったのさ
流れを止めずに吐き出させてあげることが
一番大切なんじゃないかな

相手に気持ちを吐き出させてあげるだけでいい

生きていれば楽しいことだけでなく、つらいことや悲しいことなど、いろいろな出来事が起こります。「親の介護で参っている」「仕事のストレスで、死にたいと思うことがある」といった悩みや深刻な話を打ち明けられることもありますよね。

そんなとき、**信頼してもらえているのは嬉しいけれど、何と返していいかわからない、いっしょに落ち込んでしまう、という人も多いのではないでしょうか。**

こうした悩みや深刻な話は、軽い気持ちで聞けないため、聞いていて疲れてしまう内容の代表的なものです。また、話を聞いても「自分は役に立てない……」という気持ちになり、聞き手の心を重くしてしまいます。

相手の話を、自分のことのように憂えたり、いっしょに悩みながら聞いたりといったことは、思いやりのある姿勢に思えますね。たしかに受け入れる姿勢は必要ですが、「疲れないで話を聞く」ためには、自分が経験していないことで必要以上に感情を動かさないことが大切です。25ページでも説明したように、いっしょに落ち込んだりして**感情が大きく揺れ動くと、ストレスがかかるからです。**

そして実は相手も、中途半端な同意やアドバイスを求めていないケースがほとんどです。

話し手は、介護の苦労や仕事のプレッシャーを、具体的にどうにかして欲しいとは思っていません。ただ、**苦しい気持ちでいっぱいになり、心が破裂しそうだから、どこかで吐き出したいのです。その流れを止めることなく、すべて吐き出させてあげることが、もっとも相手が望んでいることです。**

話を聞いていると、つい何か言いたくなりますよね。でも、こちらが口を挟むと、タイミングによっては相手の話を遮ることになってしまいます。あなたにも、「ただ聞いて欲しかった」という経験はあるのではないでしょうか。

また、**違う人間なので、完全に相手と同じ気持ちにはなれません。**励ましや同情の言葉をかけても、「自分の思いとはちょっと違う」「寄りそったつもりなのに相手に届いていない……」など、モヤッとした思いが双方に残ることになります。そうした意味でも、深刻な話であっても、重く受け止めて必要以上に感情を動かしたりせず、相手の話をただ聞くという姿勢でいいのです。

まとめ

- 深刻な話を聞くときも、必要以上に感情は動かさない
- 悩みを打ち明けるのは、心が破裂しそうだから
- いっしょに落ち込むより、思いを吐き出させてあげよう

ただ聞いて欲しいときってあるよね

聞き疲れの原因② 頑張りすぎ

家族・友達の話はいつでも聞いてあげる

あーあ、今日はマスターに2回も怒られちゃった

オイオイ頼むよ〜

しょんぼり

RRR

もしもし、あ、ウマさん!

ガチャ

タヌキくん、ちょっと聞いてくれる?

う、うん

でさ、困っちゃうのよ〜、んもう

そっかー…うーん…

同じ話ばっかりで疲れたなあ

ねえ!ちゃんと聞いてるの?

プンプン

きいてるよー

せっかく聞いてあげてるのに〜

せっかく聞いてあげたのに、なぜか相手は不満そう

誰しも、1人になりたい、人とコミュニケーションをとりたくないときがあります。また、人の話を聞くのがおっくうだな、と感じることもあります。

このように、話を聞きたくない気持ちがあっても、相手が親友や家族など、大切な人であれば、「聞いてあげないと悪い」と後ろめたい気持ちになりますよね。

でも、自分が聞きたくないときに話を聞いてあげるのが、本当に正しいことなのでしょうか？

結論からいえば、**いくら大切な相手であっても、無理しながら聞かなくていいのです。あなたも相手も、会話でわかり合う喜びを感じられず、モヤモヤして疲れてしまいます。**

まず、この**「聞いてあげる」というところに、微妙な「上から目線」が隠れています。**喜んで話を聞くのであれば、このような表現にはなりません。相手の話を聞くのはイヤだ、という本心が表れているわけです。

そのような状態で相手の話を聞いていると、どこか頭の中では、「早く終わらないかな」「何度も同じ話ばっかり」などと考えてしまいます。話に集中できないので、相手の言いたいことを理解したり、それについて考えたりすることも難しくなります。

こうした心の状態は、目線やあいづちに表れます。イライラしながら上の空で話を聞いていることは、必ず相手にも伝わります。話し手は、「せっかく話しているのに、なんでちゃんと聞いてくれないんだろう」と不満を抱くことになります。さらに話し手の不機嫌さは、聞き手にも敏感に伝わるので、「こっちはがまんして聞いてあげているのに、なんで不満そうなの?」と、イライラが募ってしまうのです。

このように、**がまんしながら話を聞いていると、結果として互いが相手に不満を**

抱き、疲れてしまうことになります。相手のためにと思っているのに、これでは本末転倒ですよね。

家族や友達であっても、あなたに話を聞く余裕がないときは無理をせず、正直にその旨を伝えてよいと思います。大切な相手であれば、「いつなら話を聞ける」という代案を一緒に伝えるとよいですね。

- 気持ちに余裕がないと、集中して話を聞けない
- イライラした状態は、目線やあいづちに表れる
- がまんしながら話を聞いても、お互いが不満を抱いてしまう

聞き疲れの原因③考えすぎ

一生懸命聞こうとして、考えすぎる

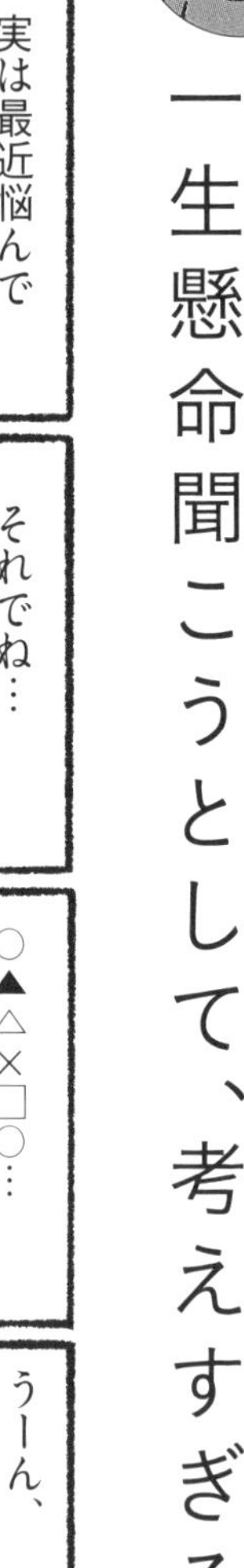

実は最近悩んでいることがあって…
どうしたの
にこやかに聞いている方が、話しやすいかな？
それでね…△×□○▲○…
えっ
あいづちはオーバーにした方が、喜んでもらえるかな？
○▲△×□○…▲○△×□○…って思ってるんだけど
そう
やっぱり健康が一番だよ！
うーん、なんかスッキリしないなあ

人の話の半分しか聞けていない？

聞き疲れの理由としてほかに、「頭を使っている」ことが挙げられます。一生懸命に聞こう、状況を理解しようとするあまり、考えすぎてしまうのです。

例えば、**好意を持っている相手が話しているとき、何を考えていますか？　どんな態度で聞いたら相手に喜んでもらえるかな、と考える人は多いのではないでしょうか。**相手との関係性によっては、「うまい受け答えをして、能力を示したい」と考えたり、どう答えたら自分の望む流れに持っていけるか、と策略を巡らせたりする人もいるでしょう。

こうしたとき、**実は、相手の話を半分程度しか聞けていません。なぜなら、話の内容よりも「自分がどう思われるか」が気になっているから。つまり、相手のことを考えているようでいて、自分に意識が向いてしまっているのです。**

このように説明すると、なんだか見栄っ張りな人の話に感じられるかもしれませんが、そうではありません。

多くの人は、相手の感情を思いやる気持ちや好意から、一生懸命聞き手を務めようとするあまり、頭の使いすぎ、気の使いすぎで疲れてしまうのです。相手がどう思うか気になってしまうのはわかりますが、話を聞くときには、そのことは一旦置いておきましょう。

さらに、そうしたこちらの気持ちが相手に伝わらないことによる、「がっかり疲れ」もあります。喜んでもらおうと頑張ったのに、期待したほど嬉しそうではないこともよくあるからです。

でもそれは、実は当然のことなのです。**気持ちを吐き出したい話し手の立場からみれば、一番いい聞き手というのは、話したいことを遮らずに聞いて、的確なあいづちを打ってくれる人です。**ところが、話の半分しか聞けていない場合、あまり重要でない部分につっこみを入れて話を膨らませたり、とんちんかんな受け答えで会話の方向を変えてしまったりしがちです。話し手としては、「アレッ？」と思うとともに、話したかった気持ちが心の中にたまって、モヤモヤしてしまいます。

話を聞くときは頑張りすぎなくて大丈夫。うまい受け答えをしなくていいのです。ただ話を聞くだけで、相手は楽になるはずです。

まとめ

- 相手に自分がどう思われるか考えてしまう
- ほかのことを考えていると、相手の話を半分しか聞けない
- 互いにわかり合えない会話に終わってしまうかも

聞き疲れの原因③考えすぎ
アドバイスを考えながら聞いている

クリアランスセール

どっちの方がいいと思う？

うーんそうだなぁ

こっちはいつものウサギくんぽくてよく似合ってる…

でも、こっちのボーダーも新鮮でいいなあ…

うーーーーん!!すごく迷うけど

いつもと違うイメージで、ボーダーかなあ

えー、でもこっちもよくない？

サッ

そ、そうだね

答えは相手の中にある

「これって、どう思う？」「どうしたらいいかな？」と相談したり、されたりすることは日常生活の中でよくあることですね。でも、そのことが疲れの原因になってしまう場合もあります。

その理由の1つは35ページでも紹介したように、「頭を使っている」ことです。**相談されているとき、聞き手の頭の中では、相手の話を聞きながらも「どんなアドバイスをするか」ということに意識が向いています。そのため、頭の使い過ぎ、考えすぎで疲れてしまいます。**

また、このとき聞き手は「話を半分しか聞けていない」状態になっているため、話し手は不満に感じます。さらに、アドバイスを挟むことにより、「自分の話したいことを話せない」とモヤモヤしてしまうことも……。

アドバイスをすることで疲れてしまうもう一つの理由は、**悩みに対してアドバイスをした後に、「役に立つことを言えたはず！」と得意になったり、「本当にあのアドバイスでよかったのかな？」と悩んだりしてしまうこと。**どちらにしても感情が大きく揺れ動くことなので疲れにつながります。

そもそも、何かにつけて相談をしてくる人というのは、本当にアドバイスを欲しがっているのでしょうか。

例えば友達とのショッピングを例に挙げてみましょう。AとBの2着の服のどちらを買えばいいか相談されたとします。よくあるのが、自分がAをすすめたとしても、「うーん、でも、Bもいいと思うんだよね」などと、結局は本人の考えで決める、というケース。アドバイスした方は「悩んで損した」という気になりますよね。この場合、友達が求めているのは、アドバイスではなく、自分と同じBの服という答えです。

このように、**答えは必ず本人の心の中にあります。深刻に思える相談だったとし**

ても、基本的には同じで、本当に求めているのは、自分の決断を後押ししてもらうことなのです。

「役に立つアドバイスをしてあげたい」という気持ちはわかりますが、本当に役立つアドバイスを他人がすることはとても難しいのです。それよりも、存分に話させてあげたほうが、相手の満足感につながります。なので、一生懸命にアドバイスを考える必要はありません。

まとめ

- 相談してくる人は、アドバイスが欲しいわけではない
- アドバイスを考えていると、話を半分しか聞けなくなる
- その結果、悩み相談を聞いたのに、不満に思われることも……

聞き疲れの原因③考えすぎ

つい相手が喜ぶような返事をしている

彼ってばヒドイわ！

もう別れるべきかしら…

別れた方がよさそうだけど…

でも、いいところもたくさんあるの…

ペンギンさんは別れたくないみたいだし…

もうちょっと付き合ってみても

いいんじゃないかなあ

やっぱりそうよね！

そうするわ！

パアッ

喜んでもらえてよかった〜

話し手の気持ちを考えすぎる

相手の感情が読める繊細な人に多いのが、話し手が求めている答えを察して言ってあげることで疲れてしまうケースです。例えば、お肉好きな友達に食べたいものを聞かれたときに、本当は魚が食べたくても先回りして「お肉が食べたいな！」などと言ってしまいます。これは単純な例ですが、深刻な相談を受けたときなどにも同じように求められている答えを察して返してしまいます。

これは話し手に喜んでほしいという優しさや、自分が好かれたい、もしくは反感を買いたくないという気持ちからくるものです。その気持ち自体は悪いものではありません。でも、聞き上手さんは相手の感情を読み取ろうとするあまり疲れてしまいがちです。また、24ページでもお伝えしたように、自分の気持ちや考えと違うことを口にし続けていると、だんだん自分の本当の感情がわからなくなってしまいます。

こうしたことを繰り返していると、相手は「やっぱりあなたは私の考えをわかってくれる」と喜ぶかもしれません。自分としても「喜んでもらえてよかった」と思うことでしょう。一見よい関係に思えますが、**この場合、特定の相手に互いに過剰に依存してしまう「共依存」の関係になりかけているので、注意が必要です。**仲がいいうちはよいのですが、いつか、どちらかが相手に合わせられなくなり、関係が壊れてしまう可能性があります。

依存心とは、「相手を支配したい」という思いの裏返し。依存心が強い人は、自分の思い通りの答えが返ってこないと、機嫌が悪くなったり、反論したりしてきて、何とか自分の意見に同意させようとします。相手が自分の支配から逃れることを許さないのです。この場合、アドバイスをしたとしても、あなたの真心からの言葉は、相手の心にまったく響いていません。相手の頭には、「どうやってあなたを支配下に置くか（どうやって同意させるか）」ということしかないからです。しかも、無意識に行っている場合も多くやっかいです。

どんな親しい相手であっても違う人間である以上、相手と自分の考えは違っていてあたり前です。無理をして合わせる必要はありません。お互いの考えを尊重し合い、適切な距離を保ちましょう。

もし、自分のペースに巻き込もうとする人、必要以上に距離を詰めてこようとする人がいたら要注意。このような人は依存心が強い可能性があるので、少し距離を置いて付き合うほうがよいかもしれません。

まとめ

- 相手の思い通りに答えなくて大丈夫
- 相手が喜ぶようなことばかり言ってしまう場合、共依存の関係かも……
- 相手の考えも自分の考えも尊重して、適切な距離を保とう

タヌキくんのまとめノート①

人の話を聞くと疲れちゃう原因

①感情の揺れ

つらい話を聞くとつらい気持ちになって、悲しい話を聞くと悲しい気持ちになる。相手に引きずられると感情が揺れて、同じ体験をしたみたいに感じて疲れる。

それだけじゃなくて、過去の似たようなことや
そのときの気持ちも思い出して疲れる。

②頑張りすぎ

余裕がないときも無理して聞いて疲れる。

③考えすぎ

なんて言ってあげたらいいかな？　とか
考えながら話を聞いていると疲れる。
そういうときは実は
ちゃんと話を聞けていないらしい。

COLUMN 1

カウンセリングの現場から①

日常会話を求める人々

カウンセリングというと、心の病を抱えている人の悩みを聞く仕事、というイメージがあると思います。もちろん、深刻な相談を受けることもあります。

でも、そこまででなくても、さびしくなったから、などの理由でカウンセリングを利用する人も増えています。とくに多いのが、1人暮らしの方です。彼らに理由を聞くと、「1人でいるのが好きだし心地よい。でも、ときどき、孤独感や閉塞感に襲われる。こういう暗い話は友達に言いにくいから……」と言います。内容も相談ということではなく、「今日は〇〇に行きました」というような報告や、日常会話も多いです。

最近、この傾向は顕著になっています。新型コロナウイルスの影響で、自粛、リモートワークなど、友達や仕事仲間と会う機会も減っていますね。だからグチや日常会話でカウンセラーに電話をかけてくるのでしょう。話したり、聞いたりすることは生活の大切な一部なのだなと改めて実感しているところです。

感情を内側にため込んでいると、いつか心のトラブルに発展しないとも限りません。聞き上手さんこそ、ときには、身近な人に思ったことを伝えてみたり、困った時には電話相談を利用したりしてみるのも1つの手段です。

第2章

疲れない話の聞き方って？

マンガ

「わかってあげる」には2種類ある?

昨日、ウサギくんが失恋した話を聞いて
思わず一緒に泣いちゃったんだよ〜
①

次の日・・・
昨日、ウサギくんがケンカを売られた話を聞いて
シュッ シュッ
思わず一緒に怒っちゃったんだよ〜
②

その次の日・・・
昨日、ウサギくんがいじめられてた話を聞いて
しゅん…
思わずつらくなっちゃったんだよ…
③

ザー

はあ…
なんか
疲れちゃったな

ねえ、リスくん
きみが言ってた「相手と同じ気持ちになるから疲れる」ってのはわかったけどさ

友達とか家族だったら同じ気持ちになってあげなくていいの？

ペロ…
おや、いい質問だね

わかって
あげるには
2種類
あるんだよ
2種類?!
タヌキくんみたいに
相手と同じ気持ちに
なって
「私もそう思う」
という『同感(どうかん)』と、
「ウサギくんはそう思う」
ということを理解する
『共感』があるんだよ

『共感』しながら聞けば疲れないし、いい関係を築くことができるんだ
同感
共感

同感
共感

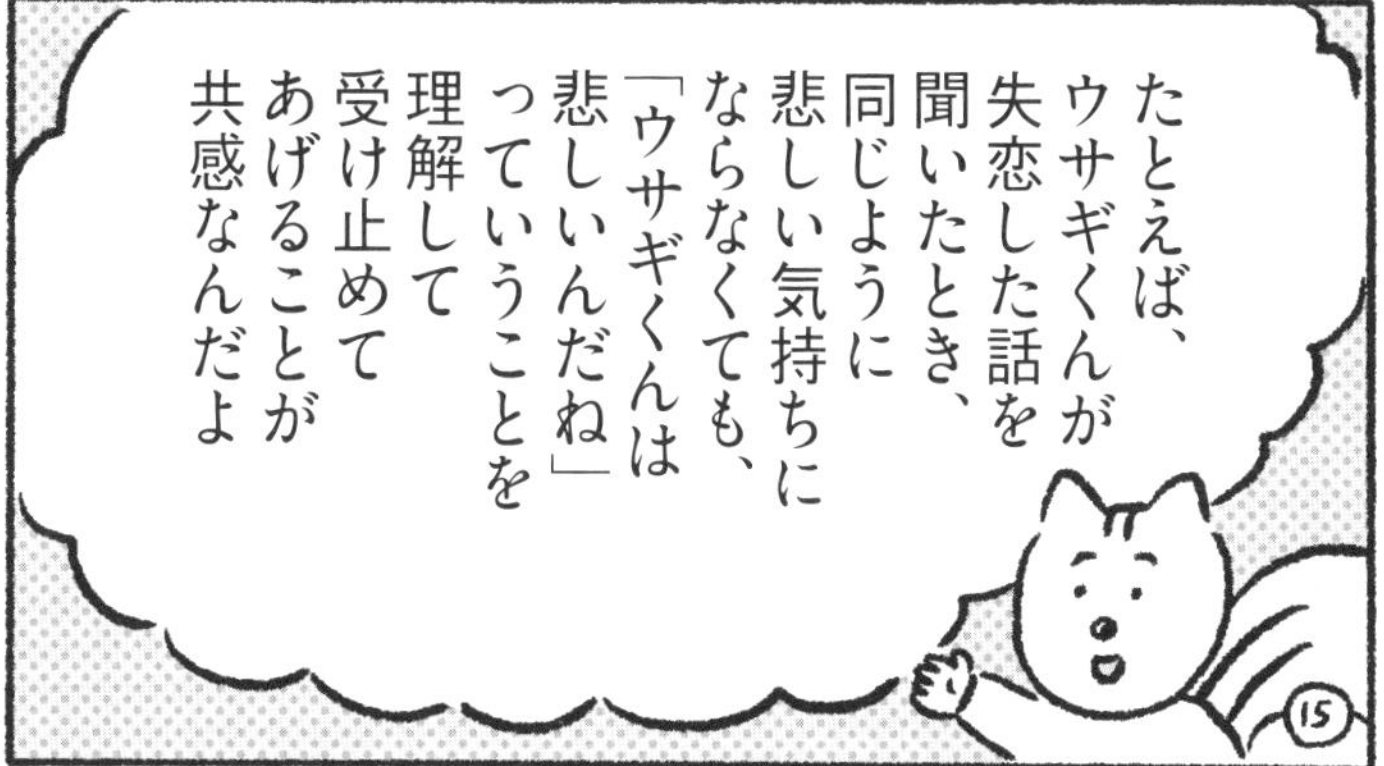
たとえば、ウサギくんが失恋した話を聞いたとき、同じように悲しい気持ちにならなくても、「ウサギくんは悲しいんだね」っていうことを理解して受け止めてあげることが共感なんだよ

へえー！ぼくも共感を心がけてみるよ！
いいね

アイス溶けてるよ
あっ！

「同感」と「共感」の違いを知ろう

同感と共感、
イマイチ違いが
わからないなぁ

同感
似てる
共感

見分け方は
簡単だよ！
主語に注目
すればいいのだ

主語？

「同感」する
聞き手の場合

悲しいよ〜
(I'm sad.)

悲しいね…
(I'm sad, too)

「私」が悲しいと
言っているけど

「共感」する
聞き手の場合

悲しいよ〜
(I'm sad.)

悲しいんだね
(You're sad.)

「あなた」が悲しいと
言っているんだ

聞き疲れしないためには「同感」しないこと

話を聞くときに、「わかるわかる」とうなずいたり、「本当にそうだよね」と相手に同意したりすることは誰にでもあると思います。この、**相手の意見や気持ちに「私もそう思う」と同意することを「同感」といいます。**

聞き上手さんは、人から相談されることも多いと思いますが、**聞き疲れをしないためには、相談を受けたときに「同感」しないことが大切です。**25ページでも説明したように、相手に同感することで自分の感情もいっしょに揺れ動き、そのことによって疲れてしまうからです。

といっても、「いい天気だね」「あそこのお店、パスタがおいしいよね」などと言われて、「そうだね」と同感を示すのはＯＫ。このような**日常会話やおしゃべりならば、適当に合わせても負担になりませんし、逆に、同感しないほうが不自然な感**

じがするときもあるでしょう。同感することで疲れてしまうのは、打ち明け話や相談ごとの場合です。

同感は「私の気持ち」、共感は「あなたの気持ち」

では、「同感」しないためにはどうしたらよいのでしょうか。おすすめは「共感」しながら聞くことです。

「同感」と「共感」という2つの言葉は、一見、同じようにも思える言葉です。でも、そこには大きな違いがあるのです。

例えば「仕事で先輩に怒られてばかりで、この仕事向いていないかなと思い始めていて……」と相談を受けたとしましょう。

これに対して、**「わかるわかる。私も以前は……」「私があなただったらきっとそう思う」などと答えるのが「同感」**。一方、**「仕事がつらいんだね」「あなたはそう**

感じているんだね」と答えるのが「共感」です。

両者の違いは主語にあります。前者は「私が」つらいと言っているのであり、後者は「あなたが」つらいと言っているわけです。

「同感」しているとき、頭にあるのは「自分の気持ち」であって、相手の気持ちではありません。つまり相手の話にフォーカスできていません。また、自分の経験を話したり、相手の感情を想像してアドバイスをしたりしてしまいがちです。これらは、どんなに相手を思いやる、親切な心から出たものだとしても、相手に自分の気持ちを押しつけ、コントロールしようとすることにつながります。また、「自分の気持ち」が動くことにより疲れの原因にもなります。

「共感」は、相手の気持ちや状況を「(あなたは)〇〇なのね」と相手目線で受け止めること。「自分の気持ち」は動かさないため疲れません。あとは、相手が自分で答えを出すのを待ちます。

同感に比べて突き放したような印象を受けるかもしれません。でも、自立した人間同士の関係では、相手が自分で答えを出せるという信頼のもと、適切な距離を保つことがとても大切なのです。

同感しないために、とくに意識しておきたいポイントがあります。**人は、自分が重要だと思っていること、興味があることに対して過敏に反応しがち、という事実です。**

例えば、失恋でつらい思いをしたことがあれば、相手の失恋話に同感しているうちに、ついつい話にのめり込んでしまい、頼まれてもいないのに、自分の過去を語ったり、経験者目線で忠告したりしてしまいがちです。

ちなみに、プロのカウンセラーは基本的にこうした態度をとることはありません。なぜなら、相手の話を聞いて気持ちを受け止めるうえでは障害になるからです。それでも、初心者のカウンセラーでは相手の話に感情移入して、自分の気持ちを話してしまう、つい涙を流してしまう、などといったことがよくあります。つまり人間の心の動きとしては自然なことなので、感情に負けて誰もがやってしまいがちです。

カウンセラーではない人が、無理に言葉や気持ちを切り分ける必要はありませんが、**自身の過去の経験などを振り返り、「自分がどんな内容に感情移入しやすいか」を知っておくとよいでしょう。**そうすることで、いざその話題が出ても冷静に聞きやすくなるため、しんどくなりません。

まとめ

- 相手の気持ちには、「同感」ではなく、「共感」しよう
- 同感と共感の違いは「主語」。同感しながら聞くと、自分と相手をごちゃごちゃにしてしまうので疲れる
- 自分がどんな話に感情を動かされやすいか、知っておこう

「同感」しないで聞こう

ああつらい…
そうだよね～
大事な友達だから聞いてあげたいな…
つらいよ～
それはつらいね…
聞いてあげなきゃ…
つらいなあ…
わかるよ～
聞いてあげなきゃ
もうつらくって…
ぼくもつらーい!!

友達のつらい気持ちを和らげてあげたい！

相談ごとなどを「同感（どうかん）」しながら聞くと、自分の疲れにつながることを説明してきました。

それでも聞き上手さんは優しいので、「友達のためなら、疲れてもいい」「深刻な相談ごとを聞いて疲れるのはあたり前」と思うかもしれません。でも、**自分が疲れるだけではなく、結局は相手のためにもならないとしたらどうでしょうか。**

同感することにまったく効果がないというわけではありません。例えば、「本当にそうだよね。私もそう思う」と伝えることで、相手のつらさが和らぐこともあります。一時的にでも気休めになれば、という気持ちから、同感する人も多いことでしょう。

しかし、**一方の幸せのために、他方ががまんして尽くすような関係は、あまりよ**

い結果を生みません。同感し続けることで「共依存」（↓44ページ）の関係になってしまうこともあります。

「共依存」は自分も相手もダメにする関係

お互いが相手に依存している「共依存」の関係を思い出してみてください。このような関係では、最初は一方が相手に依存し、他方がそこに必要とされている喜びや充実感を感じています。互いの思いのバランスがとれているのです。

ただし、**このバランスは非常に危ういもの。どちらか一方の心境や環境の変化ですぐに崩れてしまいます。**

例えば友達が何かと自分を頼ってくるような場合を考えてみましょう。友達のために最初は喜んで相談にのっていたとしても、何度も、しかも時間をわきまえず相談してくるようになったら、さすがにこちらもグッタリしてしまいますよね。いつかは対応できず、断ることになるのではないでしょうか。

そのとき、相手の好意は怒りになってこちらに向けられます。「友達なのに、どうして助けてくれないの？」と、不満をぶつけてくるでしょう。結果、友情も壊れてしまいます。

なぜこのようなことが起こるのでしょうか。それは、**依存、つまり相手にもたれかかるような関係は、そもそも互いに対等ではないからです。依存は支配欲の裏返しでもあり、相手をコントロールしようとすることです。**

依存している方は自分と相手の境界があいまいになり、相手を自分の一部のようにとらえてしまいます。そのため、意見が違ったり、思うような行動をとってくれなかったりしたときに「裏切られた」という思いが必要以上に強くなり、その怒りや悲しみから攻撃してくるようになります。

このように、**「友達のため」だからと要求に応え続けることは、結局、本当の意味で相手のためにはなりません。友人関係がダメになるのはもちろん、自分も相手**

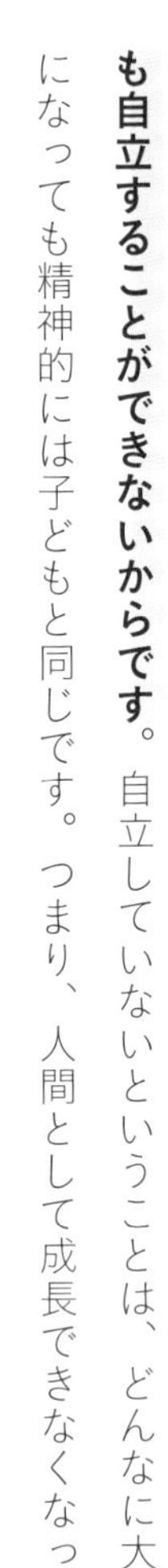

も自立することができないからです。自立していないということは、どんなに大人になっても精神的には子どもと同じです。つまり、人間として成長できなくなってしまうのです。

自分を大切にすることは、相手を大切にすること

こうした共依存の関係に陥らないためには、「共感」の態度で相手の話を聞くことが大切です。そして、相談を持ちかけられたときに都合が悪ければ、はっきりそう伝えてかまいません。

大切な相手ならば、完全にシャットアウトするのではなく「いつなら相談にのれる」というタイミングを提案しましょう。

ただし、支配欲が強すぎるタイプには、そもそもあまり近づかないことをおすすめします。

共感とは、自立した人間としての距離を保ったうえで、相手の気持ちを受け止めることです。そして、自立した人間として、自分の時間や都合を優先させるのはあたり前です。あなたはあなた、わたしはわたしでいいのです。

自分を大切にするからこそ、相手のことも本当の意味で大切にできるのです。

まとめ

- 「同感」し続けると共依存の関係に陥ってしまう
- 共依存の関係では、互いに対等な立場を保てない
- 「共感」の態度で、一定の距離を保ち、互いに尊重し合うことが大切

話を聞いているときのリアクションのコツ

この間
店長が…

うん
うん

何はともあれ
まずは…

だからもう
疲れちゃって

・・・

相手の話に
集中だ！

本当はもっと
頑張りたいのよ

ぐすん

・・・

集中集中…

ちょっと
タヌキくん
聞いてるの⁉

ものすごく
聞いてる
のに〜

まずは相手が伝えたい「気持ち」を受け止める

では、実際に「共感」しながら話を聞くには、どうしたらよいのでしょうか。具体的に紹介していきましょう。

一番大切なのが、**相手に寄りそうこと。**聞き上手さんは、話に対してどう反応したらいいか考えすぎてしんどくなりがち。「ただ聞くだけ」でいいんです。**相手の言っていることをそのまま受け止め、何を言おうとしているのか、どんな気持ちを伝えたいのか、理解することが大切です。**途中で、話の前後関係がわからなくなったり、細かいことが気になったり、疑問が浮かんだりするかもしれません。相手の意見に対して同意したくなったり、逆に反論したくなったりすることもあるでしょう。それでも、相手の話がひと区切りつくまで待ちましょう。最後まで聞いていくとわかってくることもあります。

相手が伝えたいことというのは、話の内容よりも「気持ち」であることがほとんどです。感情を表す言葉をキャッチしてみてください。感情を表している表現とは、「楽しい」「嬉しい」「悲しい」「腹が立つ」など、喜怒哀楽にまつわるものです。話しているときの表情にも感情が表れているので注意を向けましょう。そして、相手の気持ちがわかったら、それをそのまま受け止めます。それが「悲しい」などのマイナスの感情であっても「同感」はせずに、そのまま受け止めるだけで大丈夫です。

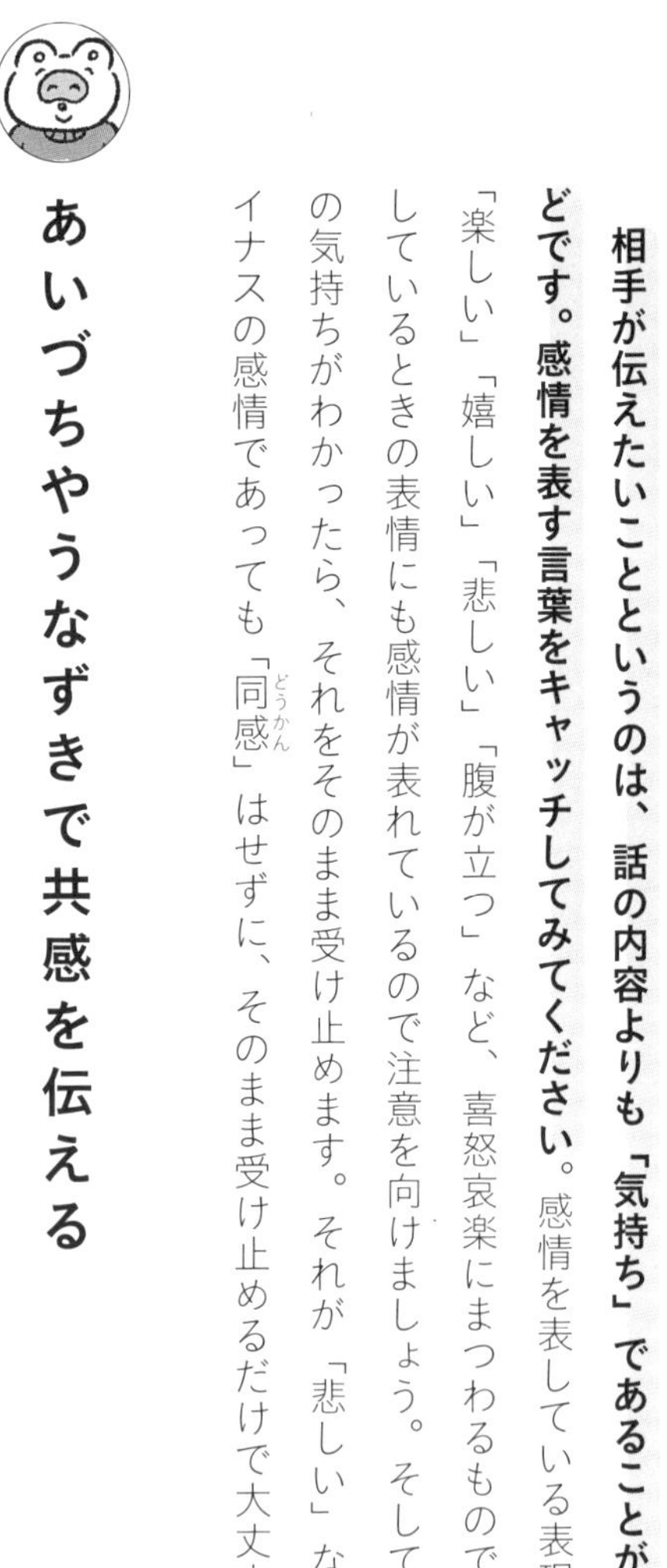

あいづちやうなずきで共感を伝える

話に集中しているからといって、何も反応しないと、話し手も「聞いてくれているのかな」と心配になったり、「悪いことを言ったかな」などと不安になったりします。そんなとき、**どう反応するかを一生懸命考えなくても、あいづちやうなずきだけで十分相手に聞いていることは伝わります。聞きながら、ときどき目線を合わせるのも効**

果的です。

あいづちにはいろいろありますが、とくに「共感」の態度で聞く場合には、**「はい」「ええ」「うん」**などに加え、「○○さんにそんなふうに言われたんだ」「仕事をやめたいと思うほどつらかったんだね」というような、相手に共感し、言い分を理解したことを伝えられる表現を使ってみてください。

ポイントは**「自分」と「相手」の立場をはっきり分けること。例えば、「こんなつらいことがあった」という話し手に対して、「(あなたは) そう思ったんだね」と答えるのです。**

相手の感情が表れている表現を繰り返すのもおすすめです。相手は、自分の思いをそのまま受け止めて欲しいと思っています。そのため、同じ表現を使って返すことで、心にスッと入っていきやすいのです。

「○○さんに叱られて、落ち込んでいて……」には、「そうか、落ち込んじゃったんだ……」などと返すとよいでしょう。ただし、すべてリピートして返す「オウム返し」になると、それはそれで、馬鹿にしているような印象を与えますので一部にとどめましょう。

また、**「どうしたの？」も相手の気持ちにフォーカスできるフレーズです。**例えば「もう、死んじゃいたい」と言われたときには、「死にたいなんて、どうしたの？」と聞くと相手の本音を語ってもらいやすくなります。

うなずきなどのボディランゲージも意識してみてください。ある実験では、まったく動かないでしゃべる話者と、手を単に上下させながらしゃべる話者で「話のわかりやすさ」を比べました。すると、同じ話なのに、後者のほうが「わかりやすい」と感じた人が多いという結果になりました。話と関係のない仕草であったとしても、ボディランゲージには相手の注意を引いて、集中させる役割があるということです。

しかし実際には、話を集中して聞いている人は、逆に体の動きが小さくなり、顎が上がって、顔も無表情になってしまいがち。相手に「聞いていないのかな？」という印象を与えてしまうことがあります。自分では少し大げさに感じられるぐらい、あいづちやうなずきを意識するとよいかもしれません。これはとくに最近増えている、オンライン会議などでも使えるテクニック。**オンライン上では実際に会うよりずっと情報が少なくなってしまうので、あえて表情や仕草を大きめに心がけるとベターです。**

ここまで、話を聞いているときのリアクションのコツをお伝えしてきましたが、一番大切なのは「相手の気持ち」を受け止めることです。細かい「聞き方のテクニック」は、頭の片隅に置いておくぐらいでよいと思います。

まとめ

- 聞きたいことが出てきても、区切りがつくまで待とう
- 喜怒哀楽の感情を表す表現に注目しながら聞いてみよう
- あいづちでは相手の感情をそのまま返そう

アドバイスはしなくていい

どうすれば
いいと思う？

って聞かれたから
ぼくなりの
アドバイスをしたら

それができたら
苦労しないよー

気を悪く
させちゃったみたい

どう答えるのが
よかったのかな？

あなたは
どう
思う？

って
聞いてみると
いいよ

このひとことで
本当の気持ちが
引き出されるかも
しれないよ

じつは…

へえ〜

アドバイスを求められたときの対応は？

悩みや相談を持ちかけられて、「どう思う？」「どうしたらいい？」と聞かれることはよくあるものです。「何かアドバイスしなきゃ！」と思いますよね。それでも、39ページでもお伝えしたように、言葉通りに受け取ってアドバイスをする必要はありません。

悩みを抱えている相手とあなたは違う人間で、考え方も価値観も違います。なので、本当の意味で役に立つ助言はできないのです。

では、アドバイスを求められたときは、どう対応するとよいのでしょうか。

例えば「仕事でミスばかりしていて、続けていけるか不安です。どうしたらいいと思いますか？」と相談されたとします。こんなとき、あなたならどのように反応しますか？

相談を受けたとき、人の反応は、まず次の5種類のいずれかにあてはまります。

①調査的態度……因果関係（どうしてそうなったのか）や原因を追及して分析する

［例］「どういうミスが多いの？」

②解釈的態度……人の感情などを勝手に解釈、あるいは暗示する

［例］「人間関係がストレスになってたんじゃない？」

③評価的態度……評価・判断する

［例］「そんなふうに考えたらダメだよ」

④支持的態度……同情・同感する

［例］「ミスが続くとそんな気持ちになるよね」

⑤理解的態度……受容・共感する

［例］「不安なんだね」

実はこれらのうち、①～④まではすべて相手ではなく自分本位の態度です。よいアドバイスをしたいと思えば①のように状況を確かめたくもなるでしょう。また、④のように、「わかっているよ」という言葉をかけてしまう人も多いのではないでしょうか？　このような反応のすべてが悪いわけではありません。

しかし、聞き方の基本は⑤のように、相手の話に「あなたはそうなんだね」と共感し、受け入れることです。それ以外の反応は善意であっても、相手を「こうあってほしい」「こうじゃない？」という自分の望む方向に誘導しようとする態度の一種であり、相手のそのままを受け入れているとはいえません。とくに、会話の冒頭部分では避けたい関わり方です。

「あなたはどう思う？」と聞いてみる

１章でお伝えしたように、**相談という形をとってはいても、本当にアドバイスを**

求めているわけではありません。つらい感情を吐き出して楽になりたい、あるいは、迷っている自分を後押しする言葉をかけてほしい、という場合がほとんどです。

ですから、「どう思う？」「どうしたらいい？」と聞かれたら、次のように返すとよいでしょう。

「あなたはどう思うの？」

「あなたはどうしたいの？」

この質問をきっかけに、「上司や先輩に怒られてつらい思いをしている」「本当は転職をしないほうがいいとわかっている」などといった、本心を打ち明けてくれることもあります。

この本心こそが、相手が本当に聞いてもらいたいことです。相手が話し出したら「そんなにつらかったんだね」と、相手の思いを受け止めつつ、話を聞くことに集中してください。そうすれば、話が終わって別れるときには「聞いてもらえて楽になった」と、晴れやかな表情で言ってもらえることでしょう。

このように、「ただ話を聞く」だけでいいのです。頑張ってアドバイスを考えたり、「相手はどう思ったかな」「伝わったかな」などと悩んだりしなくて大丈夫。

なぜなら、**人はみな、悩みを自分で解決する力を持っているから。だまって話を聞くことは、相手の持つその力を引き出すこと、相手自身を信頼することでもあります。**「ただ話を聞くこと」にはそれだけの大きな力があるのです。

まとめ

- アドバイスしようとすると、結局、相手を評価したり、否定したり、操作したりすることになる
- 「アドバイスをしなきゃ」という「しんどさ」は手放していい
- 話を聞くことは、相手を信頼することにつながる

「自分の気持ち」の伝え方

心配でさあ

そうなんですね…

話を聞くことに集中してきたけど

ぼくが思ったことは伝えてもいいの？

もちろんOKだよ

相手の話を遮らないで、ひと区切りついたときにね

I（私は）

主語を「私」にした「アイメッセージ」がおすすめだよ

アイメッセージ!?

そんなあ、照れるよ～

愛のメッセージでしょ？

うーん、ちょっと勘違いしてると思う

会話の中では、思ったことを話してＯＫ

ここまで、「相手の話を聞くこと」にテーマを絞って説明してきましたが、**実際の会話によるコミュニケーションとは、「話を聞くこと」と「話をすること」がセットですよね。**

例えば、話を集中して聞いていたとしても、そのうち、自分の中にさまざまな思いや考えが浮かんでくると思います。ここでカウンセラーであれば、自分の気持ちは置いて、相手の話を聞くことに集中します。

しかし**普通の人間関係では、自分の思いを口に出すのは自然なことです。逆に、気になっていることを口に出せないと苦しくなってくることでしょう。相手の話を集中して聞けなくなるということもあり得ます。**

会話のなかで疑問に思ったことがあれば確認したり、自分の気持ちや考えを伝えたりしても大丈夫です。ただし、相手の話を遮らないよう、**ひと区切りつくのを待ちましょう。**

アイメッセージで伝えよう

自分の気持ちや考えを相手に伝えるときにおすすめなのが、「私はこう思う」と、主語を自分にして伝えることです。これを「アイメッセージ」といいます。アイメッセージを使うと相手を責めたり、否定したりせずに自分の気持ちを伝えることができます。

例えば、後輩の仕事が思うように進んでいないときに、「(あなたは)まだできていないの？(あなたは)早くしてくれる？」と伝えるより、「終わってないみたいだから(私は)心配しているよ。急いでくれると(私は)ありがたいんだけど」と主語を自分にして伝えた方がやわらかい印象になります。

　また、アイメッセージは何かを頼むときにも効果的です。例えば、家族にゴミ出しを頼みたいときに、「（あなたが）明日ゴミ出しておいて」とストレートに言うのと「明日ゴミ出しておいてくれたら（私は）助かるな」と伝えるのとで、相手が受け取る印象は変わってきます。おそらくほとんどの人が、アイメッセージを使った言い方の方が相手を尊重しているように感じるのではないでしょうか。

　「アイ」は英語の「Ｉ＝私」の意味です。**アイメッセージはあくまでも自分の思いを伝えるもので、相手の行動には言及しないため、要望や感情などをやわらかく伝えることができます。**優しい「聞き上手」な人の中には、人に何かを頼んだり、自分の気持ちを伝えるのが苦手な人もいると思います。そんな人こそぜひアイメッセージを上手に取り入れてみてください。

　ただし、アイメッセージにはまわりくどくなってしまったり、直接的な指示ができないといったデメリットもあるため、臨機応変に使い分けるとよいでしょう。

自分から心を開いてみる

他者が持っている、自分とは異なる考えを知って取り入れることで、自分の世界はどんどん広がっていきます。また、互いの考えを知り合うことで、人間関係も深まっていきます。聞き上手な人には、自分の話をするのが苦手という人も多いですが、**親しくなりたい人がいたら、個人的なことや悩みを打ち明け合ったりするのも、人間関係を深めるうえで大切です。これは心理学の言葉で「自己開示（じこかいじ）」といいます。**

自分から心を開いて、趣味や家庭、育ってきた背景といったプライベートなことを話すと、相手は「そんなことまで打ち明けてくれるんだ」と嬉しく感じます。そしてお返しのように、自身も心を開いて打ち解けてくれるようになります。これは**何か相手から恩恵を受けたら、同じだけ返したくなるという「返報性（へんぽうせい）」の心理が働くためです。**

本来、人と会話をしたり、親しくなったりすることは、楽しさや喜び、心地よさといった、プラスの感情を呼び起こすものです。「聞く」ことに慣れてきたら、今度は自分から話すことも楽しめるようになるとよいですね。いつもは「聞き手」側のあなたも、たまには「話し手」側になってみてください。

まとめ

- 「聞くこと」と「話すこと」はセット
- 自分の考えや思いはアイメッセージで伝えよう
- 自己開示でもっと仲良くなれる

疲れない話の聞き方

①「同感（どうかん）」ではなく「共感」を意識して聞く。

②相手がどう感じているのか、
その「気持ち」だけに集中して聞く。

③あいづちやうなずきも大切だけど、そこにとらわれすぎない。

④アドバイスはしなくていい。

⑤思ったことは、自分を主語にして「ぼくは〇〇だと思う」と伝える。

COLUMN 2 カウンセリングの現場から②

夫が家を出て行った

誰かに話を聞いてもらうことが、大きな助けになる場面もあります。カウンセリングの現場から、事例を1つご紹介しましょう。

ある30代の派遣社員として働く女性から相談がありました。夫が自分と子どもを置いて家を出て行ったとのこと。しばらくしてから、弁護士を通じて「離婚したい」との意思が告げられました。夫とは直接話をすることもできなくなっていたそうです。

女性は、時折、社内相談室を訪れては、ひたすら苦しい胸のうちを吐露していました。

それが半年ほど続いたでしょうか。あるとき「夫が帰ってきた」と明るい声で告げてくれました。「ずっと話を聞いてくれてありがとう。この場がなかったら、自分は死んでいたかもしれない。そのくらい追いつめられていた」と。

カウンセリングでは、夫にどのような態度で接するべきか、などの助言は一切していません。ただただ、気持ちを受けとめていただけです。

話を聞くことには、人を支える大きな力があるのです。

第3章

聞き方を変えると人間関係も変わる

マンガ

「あれ、楽になってる？」

ハー
ハー
やあ
あれ、なんだか元気そうだね
ふふ、そうかな
うんうん
なんだか最近人の話を聞いてても前みたいに疲れなくなったかも
そっかあ、それはよかったね
あとね…
ちょっと不思議なことがあるんだ
不思議なこと？

共感を意識して話を聞いてたら
13

ウサギくんが変わった気がするんだ
パッ
14

なんだか穏やかになったっていうか…
おまんじゅう食べる？
話も短くなった気がするし
15

そんなことってあるの？気のせいかなぁ？
白あんだよ～
パカッ
16

それは気のせいじゃないと思う
相手が変わることもあるんだよ
17

そのままでいいって
思ってもらえると
そのままで
いいんだ
安心して変わりはじめる
ことがあるんだ
18

へえー！
自分から
自然に
変わって
いくんだね
ビックリ
19

あっ
そうだ！
今から
ウサギくんと
パンケーキ
つくるんだけど、
一緒にどう？
20

わあ！
行きたい！
ぴょん
21

ナッツの
トッピングなんて
どうかな？
あっ
おいしそう
22

自分も相手も嫌いにならない

うんうん

それで昨日ね……△□×△…

なるほど〜

もぐ

△△〜○×□…×▲○○△…

そんなワケで落ち込んでるの

もぐもぐ

そうなんだね

そうなのよー

タヌキくんの食べっぷり見てたらなんだか元気になっちゃった

どんどん食べるわよ

リラックスして聞けば疲れない

ここまで、「同感」せずに聞く、具体的な方法について紹介してきました。難しいことではなく、相手に意識を向け、丁寧にうなずいているだけで、聞き手としての役割は十分以上に果たすことができます。

28ページでもあったように、仮に**相手の話がグチや重い話であっても、相手と同じ気持ちになる必要はありません。リラックスして聞いてかまわないのです。**

あるカウンセラーは次のような体験をしました。電話相談を受けていたとき、同じ話が何度もループするため睡魔におそわれて、つい意識が遠くなるような状況に陥りました。つまりは、夢見心地になりながら半分無意識で「うん、うん」とあいづちを打っていたのです。電話を終えた後、自身としては「よく聞いていなかった。申し訳なかった」と反省したそうです。

しかし、その相談者と次に話したとき、「この間は本当によく聞いてもらえて、気持ちが楽になった」と言われたのです。

プロのカウンセラーとしてあまり公言できない事例ではありますが、要するに「一生懸命聞く」と、「相手のためになる」は必ずしもイコールではないということ。逆に、**一生懸命聞こうとすればするほど、いつ、どこで、など細かいところが気になって相手の話を聞けなくなってしまう可能性もあります。**

話し手にとって深刻な内容だとしても、自分にとっては「人ごと」です。リラックスして楽な気持ちで聞きましょう。そのためには、まず自分自身に話を聞ける気持ちの余裕があることが前提です。あなた自身がつらいときやしんどいときは、「相手のため」とがまんせず、「聞き役」を手放しましょう。

優しい聞き上手な人は、無理して話を聞くことで疲れてしまい、自分のことも相手のことも嫌いになってしまったり、すべてを投げだしたくなってしまったりすることがあるかもしれませんね。でも、**リラックスして聞くことができるようにな**

れば、相手の感情に引きずられないため、どのような話であっても聞いていて疲れることはなくなります。疲れないので相手の話を聞くことが苦ではなくなり、結果的に相手をうっとおしく思ったり嫌いになったりすることも減っていきます。

また、あなたの「ゆったりとした気持ち」から出る態度や心の持ち方が話し手にも伝わり、結果的に「聞いてもらえてよかった」と思ってもらえます。

まとめ

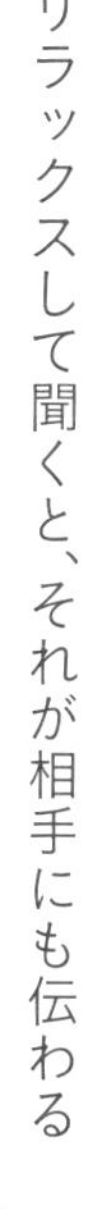

- 一生懸命聞いても、相手がスッキリするとは限らない
- いっしょになって悩まなくてOK
- リラックスして聞くと、それが相手にも伝わる

人の話を聞くのが楽しくなる

だからアタシ心配でさァ

うんうん

共感の態度を心がけていたら…

タヌキくんビジョン

考えすぎかもしれないけど…

不安よ

客観的に話が聞けるようになった気がする

まるでドラマでも見てるみたい!

どうしても心配でさァ

うんうん

おや?

ウマさんの悩み、わかるなぁ ぼくも同じようなことでモヤモヤしてたかも

聞いてもらえて元気でたわ

アリガト～

ぼくだけじゃないんだ!

ぼくもなんだか励まされた気がする

ドラマを見ているように話を聞ける

同感しないで人の話が聞けるようになると、何が起こるでしょうか。

まず、「相手にどう思われるかな」「どう答えたらいい？」「アドバイスしなきゃ」などと考える必要がなくなるため、相手の話そのものに集中することができます。

また、相手に「同感」すると、例えば悲しくなってもらい泣きしてしまったり、過去の体験を思い出してしまったりと自分の感情に気持ちが向きがちです。これによって主観的になってしまうものですが、「共感」の態度で聞くことにより、自分の感情に振り回されなくてすみ、その分、視野が広がります。

そうすると相手の話を物語のように、あるいはテレビドラマを見ているように、客観的に聞くことができるようになります。すると相手の言いたいことや気持ちが楽にキャッチできます。

そのような姿勢で話を聞くことができれば、人の話を聞く、本来の楽しさが実感できるようになります。

話を聞く楽しさとは、相手の「今、この瞬間」を理解し、共有できること。聞き手としては、相手の過去や将来には関わることができません。唯一できるのは、「今、この瞬間」に相手に起こっていることをそのまま受け止め、分かち合うことだけです。

そうした観点で話を聞くことには、大きな意味があります。1つ目は、「今どう感じているか？」を聞いて、相手の気づきを促すこと。ただ聞いて受け止めるだけで、考えや気持ちを整理するサポートができます。

2つ目は、**相手の今の状況を知ることで、自分の気づきにもつながること。**悩みを聞いて、「私だけじゃないんだ」「励みになる」と感じたり、相手の立場に自分を重ねて、客観的に見られるようになったりします。結果、それは自分自身が救われるヒントになることもあるのです。

このように、話を聞くことで互いに気づきがあり、成長しあうことができます。
もちろん単純に、自分の知らない物事への興味や、好奇心を満足させる楽しさもあります。他人の海外旅行などの話を自分と比較して「マウンティング」と感じる人もいるでしょう。一方で、「人ごと」としてとらえ、純粋に面白い話として楽しめる人もいます。どのように感じるかは「聞き方」次第なのです。

まとめ

- 「同感」しないことで視野が広くなり、話の内容に集中できる
- 話を聞くことは「今、この瞬間」を相手と共有すること
- 話すことで、互いに気づきが得られる

相手にとって居心地のよい人になれる

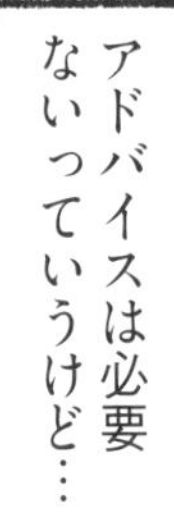

アドバイスは必要ないっていうけど…
ぼくの経験とか伝えて参考にしてもらえたらなって、つい思っちゃうんだよね

それはタヌキくんの承認欲求の仕業かもしれないよ
えっ

「人に好かれたい」って気持ちは誰にでもあるけど、話を聞くときにはジャマしてくることもあるんだ
アドバイスさせちゃお
そのせいで余計なアドバイスしちゃったりね

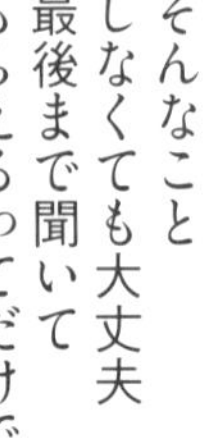

そんなことしなくても大丈夫最後まで聞いてもらえるってだけで
居心地のいい存在なんだから

「話を聞いてもらえる」という安心感

「人に好かれたい」「すごい人だと思われたい」という気持ちは誰にでもあります。こうした「承認欲求」は、満たされれば幸福感や仕事などへのモチベーションにもつながるもの。人間にとって大切な感情です。

ただ、承認欲求は人の話を聞いているときにもしばしば頭をもたげ、相手を評価したり、本来必要のないアドバイスをしたりする原因になります。「相手が感動するようないいことを言いたい」「自分の知識や経験を示したい」という考えがもとになっているもので、**結局は自己満足なのだということを理解しておきましょう。**

そんなことをしなくても、ただ話を聞くだけで、相手に居心地のよい人だと思ってもらえます。これまでもお伝えしてきましたが、**話し手が求めているのは、話を遮らずに最後まで聞いてもらうことです。**

人は、話を遮られるかもと思うと、落ち着いてゆっくり話せなくなります。気持ちが急いて、言いたいことを言えなくなるのです。その結果、うまくまとまらなかったり、尻切れとんぼになってしまったりするかもしれません。せっかく話を聞いたのに「何が言いたかったんだろう？」ということになっては残念ですよね。

そうならないためにも、ひと区切りつくまで話を聞くことが大切です。それだけで、相手に話をまとめる時間を与え、考えを整理するためのサポートができます。

また、繰り返しになりますが、人が相談を持ちかけてきたとしても、本当にアドバイスや意見を求めているわけではありません。誰しも否定されたり批判されたりしたくないものです。ですから相手の価値観や気持ちに対して、自分の評価をくだす必要はありません。深いうなずき、あるいは「うん、うん」などの、あいづちで十分です。

これは**「簡単受容」といって、カウンセリングの基本的、かつとても大切なテクニックです。このうなずきやあいづちにより会話にリズムがつき、話し手が話しや**

すくなるのです。また、「あなたを否定しないよ」というメッセージを伝えることができ、安心感を持ってもらえます。

このように、ただ聞くだけで、相手は心地よく感じます。また、話したいことを全部聞いてもらえたという充実感から「話をして楽しかった」「あなたと話すのは楽しい」と思うようになるのです。

- アドバイスしたくなるのは「承認欲求」の表れであり、自己満足だと知っておこう
- 相手の役に立つには話を聞くだけでＯＫ
- 話し手に安心を感じてもらうことが大切

相手が変わるきっかけになる

おーい、タヌキくん！
やぁ！
ブタくん！ずいぶん元気そうだね

この前タヌキくんに話を聞いてもらってから
自分にも直した方がいいところあったなあって気づいたんだ

おかげで前に進めた気がする！
どうもありがとう

ぼく、話をきいてた
だけなのに
ブタくんの承認欲求が満たされて、自分を客観的に見れるようになったんだね

話を聞いてもらえるだけで心の浄化になる

前の項目で「承認欲求」のお話をしました。これは誰にでもあり、否定すべきものではありません。ですが承認欲求が強すぎると、自慢話が多くなったり、ひどくなると虚言癖につながったりすることもあります。

つまり、**承認欲求が強すぎると、会社や友達などの人間関係の中で「困った人」になってしまう可能性が高いのです。**

会社で無断欠勤、問題行動を繰り返していた男性のケースを紹介します。金髪にガラシャツ姿で、カウンセリングでも会社や上司の悪口ばかりだった彼。でも、「そう感じているんだね」と聞いているうちに、いつからか「自分も悪かったかも」と言い始めたのです。そして最後には、黒い短髪に整えて「会社に貢献したい」とまで語るようになりました。

これは、人に話を聞いてもらうことで承認欲求が満たされて、自分を客観的に見つめられるようになった例です。抱える課題の答えを、自身で発見できたのです。

承認欲求が強い人は、「一生懸命やっているのに、認めてもらえない」という感情を抱いています。でも、それを周囲に訴えるやり方が理解されず、受け止めてもらえないから、よけいにエスカレートしていくのです。

話すことには「カタルシス」という浄化の作用があり、モヤモヤ、イライラのもとになっている感情を吐き出すだけで、スッキリします。また、誰かに思いを受け止めてもらうことで、「自分は価値ある人間だ」と感じることができます。状況を変えよう、先に進もう、という勇気が生まれるのです。

これまで「アドバイスは相手のためにならない」とお伝えしてきました。アドバイスをする側には、相手に「変わってほしい」という気持ちがあることでしょう。ですが、例え善意からの言葉であっても、「変わってほしい」というのは、言われた相手からすると、今の自分を否定されているようなもの。そして、人は否定されたと感じると、無意識のうちに自分を守ろうと抵抗し、かえって「変わるものか」と頑なになります。だから、アドバイスで相手を変えることは難しいのです。逆に、相手を変えようとすることなくただ聞くことで、「ありのままの自分を受け止めてもらえた」と感じると、相手は安心し、自分から変わろうとします。

このように、「ただ聞くこと」には人を変える力があるのです。

まとめ

- 「困った人」になるのは承認欲求が強いせい
- 話を聞いてもらうと、承認欲求を満たすことができる
- 話を聞いてもらったことをきっかけに、気持ちや行動が変わることもある

自分も誰かに話をしたくなる

耳を閉ざしていた内面の声に気づく

人間関係に疲れていると、まわりから入ってくる情報をシャットアウトして、内にこもりたくなるものです。ですが近年、自分の内面の声にも耳を閉ざしてしまっている人が多くなっています。24ページでも紹介した、喜怒哀楽の感情を感じにくくなっているケースです。このことにも、承認欲求は深く関連しています。**承認欲求が満たされないままでいると、自分に自信が持てなくなります。そうすると何か感じたことがあっても、周囲に否定されるのが怖くて口に出して表現できなくなるのです。**

同感しない話の聞き方とは、相手のそのままを受け止める、人を否定しない聞き方です。これが身につくと、自分も人から否定される怖さから解放されるため、**自分の気持ちを誰かに話したくなります。**

いつも「聞き役」になっているあなた自身の心に目を向けてみてください。

もし、理由のわからない不満感や、不安感、イライラを感じているなら、その根源は、心の中にたまった感情かもしれません。自分の中にある隠れた感情に気づいたら、次はぜひ、誰かに話してみてください。

ここまで本書を読んできた人の中には、自分の感情、とくにイライラしたことやグチを話すと、相手の負担になるのではと思う人もいるかもしれませんね。話を聞いてもらうときのちょっとしたポイントを紹介します。

相手に話を聞いてもらいたいときは、「今いいかな？」と相手の都合を確認したうえで話しはじめましょう。「ただ聞いてほしいだけなんだけど」と言っておけば聞き手もアドバイスなどを考える必要がなくなります。最後に「聞いてくれてありがとう、楽になった」と感謝の気持ちを伝えればＯＫです。１人の人に負担をかけすぎないよう、友人、家族、趣味のコミュニティなど複数の場所を持っておくとよいですね。

相手に時間や気持ちの余裕がなく、聞いてもらえなかったり、聞いてもらえてもあまりスッキリしないこともあると思います。誰にでも事情やタイミングというものがあるので、その場合もあまり気にしすぎず、話そうとした自分をほめてあげましょう。

自分の気持ちを打ち明けることは最初はとても勇気のいるものですが、慣れてくれば徐々にできるようになります。そして、人は思っていたより優しいということに気づけるかもしれません。

まとめ

- 理由のわからない不安やイライラは、心にためこんだ感情が理由かも
- 自分の中にある感情に気づいてあげよう
- 「話を聞く」「話をする」ことが、心を開放する手助けになる

ぼく、なんでモヤモヤしてるんだろう？

タヌキくんのまとめノート③

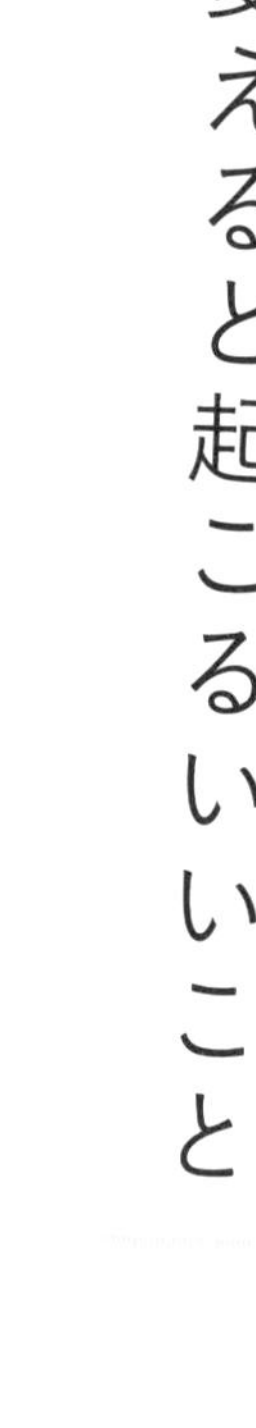

聞き方を変えると起こるいいこと

①人の話を聞いても疲れなくなるし、むしろ楽しくなる。

②相手の言いたいことや気持ちがよくわかるようになる。

③相手がいい方向に変わることがある。
ただし、相手を変えようとは思わないこと。

④人から否定される怖さがなくなり、
自分の気持ちを人に伝えたくなる。

COLUMN 3

カウンセリングの現場から③

失恋は抗うつ剤で治す!?

恋愛はときに生死にかかわる、つらい問題になり得るものです。

ある精神科の先生によると、ここ数年で、失恋をしてつらいからと抗うつ剤をもらいにくる若い人が増えたそうです。これは、うつや抗うつ剤というものが以前より身近になってきているからだと考えられます。

ある20代の女性は、失恋して友達に相談したといいます。でも、何度も同じ話をすると面倒がられたり、否定されてつらいから、とカウンセラーを頼ってきました。

彼女はこう言っています。

「気持ちの整理がつくまでは同じ話をしたいし、受け止めてもらえると心が落ち着くんです……」

つらい気持ちをがまんし過ぎると、心の病に発展してしまうことも大いにあり得ます。また、つらさを薬で消してしまうことはできません。

一番の薬は誰かに聞いてもらうこと。それから「時間薬」つまり時間が忘れさせてくれるのを待つことです。彼女はその経験からそのことを知っていたのでしょう。

聞き上手さんはこうした相談を受けることも多いと思います。無理に励まさなくても、ただ聞くことで相手の助けになっているのです。

第4章

シチュエーション別話の聞き方のコツ

マンガ
みんなに公平に対応してあげたい

ある日のタヌキくん実家
まったくもう～
TANUKI

またある日
絵画の会作品展
ウマさんの作品、とっても素敵だね！
すごいよ
ウフフ、ありがと！
紹介するわアート仲間のウシさんよ
はじめまして
こんにちはー
おーいウマさーん
ごめんなさい、ちょっと失礼するわゆっくり楽しんでね
はーい
ぼくは昔、コンクールで金賞をとったことがあってねー
すごいですねー
へえー
まあアレだね、自分の壁を越えて…○▲△×…
チラッ
な、なるほどー

〜〜だから
〜〜でさ、
すみません、用事があるのでこれで…
そうですか…
しゅん
お話ありがとうございました
ぽつねん
本日の催し
絵画の会作品展
ダンス発表会
書道展
ウシさんごめんなさい
ねえねえリスくん
こないだこんなことがあってさ
お母さんの話は聞いてあげたんだけど、
ウシさんの話は聞かずに帰ってきちゃった

なんだか悪いことしちゃった…
ハァ…
どうして？

タヌキくんは用事があったし、聞きたくなかったんでしょ？

うん…でもお母さんの話は聞いてあげたし…みんな同じようにしないと不公平になっちゃうから…
ありがとう

別にいいんじゃないかな？
基本の聞き方はあるけど…
よいしょっと

相手や関係性、自分の状況によって対応は変わるし、その時々でできる範囲のことをしたらいいんじゃない？

そっか！今度時間があるときに、また聞けばいいんだね！
そうそう！

グチや悪口の聞き方は？

ハァ、本当に嫌気がさすね
ハァ～
ど、どうしたんですか

聞いてくれる？○▲△×～！▲○×□○！
マスターってどうしてこんなにグチが多いんだろ

結局俺、コーヒー屋向いてないってことかなぁ…
そういえばいつも自分のこと責めてる…

マスターがすごく頑張ってること、ぼく知ってますよ
まぁ一服
タヌキ君…
じ～ん

母親が毎日グチを言ってきてしんどい……

身近な人から聞かされる、誰かへのグチや悪口。たまにならストレス発散になったり、面白く感じたりするかもしれません。でも、いつもいつも聞かされるとなれば、やはり気が重いもの。疲れを感じてしまいますよね。

しかも母親などの身近な人だと「話を聞いてあげなきゃ」と思ってしまいがち。でも、身近な人であっても対応は同じです。**「同感せずに、人ごととして聞くこと」や、「自分の都合のよいときだけ聞くこと」といった、人の話を聞くときの基本姿勢は守りましょう。**そうするだけでも、感情をムダにアップダウンさせることによる疲れはなくなります。

その上で、**相手がその話をする「理由」に注目しながら聞いてみましょう。**具体的には、「なぜこの人は、グチが多いのかな？」「なぜ、いつも人の悪口が出てくるんだろう?」といった、「なぜ」のところに焦点をあてながら聞きます。話を聞くうちに、その人がこだわるポイントや、その理由がみえてくるはずです。

そして、グチや悪口を言う人の場合、大きく2つのパターンがあります。1つ目が**「人のせいにする」人。母親が電話をかけてきて、「お隣さんが挨拶もしない」「あの芸能人はセンスがない」と、近所の人や有名人の悪口を言ってくるような場合です。これは、何でも他人のせいにしてけなしたいタイプです。**こうした人はエネルギーが余っていて、自分以外のことに目を向けられるほど余裕がある人。じゅうぶん話してもらい、発散させるのが無難です。「毒舌キャラがまた何か言ってるな」くらいの軽い気持ちで聞きましょう。

2つ目が、**「自分のせいにしてしまう」人。友人が、職場で明らかに理不尽な扱いを受けていたとしても、「自分に能力がないから」「結局自分が悪い」と、何でも自分を責めているような場合です。放っておくと深刻化しやすく、うつなどの心の病に陥ってしまうことも。**もし身近な人だったら、自分を責めてしまう気持ちが爆発する前に、早めに対応することが大切です。「あなたは頑張っていると思う」などと、感情や行動を肯定してあげましょう。

また、**相手が母親の場合、「子とつながりを持ちたい」という欲求が、グチ話となって表れていることもあります。**本来はパートナーが感情を受け止めるのが理想。心にゆとりのあるときだけ聞きましょう。

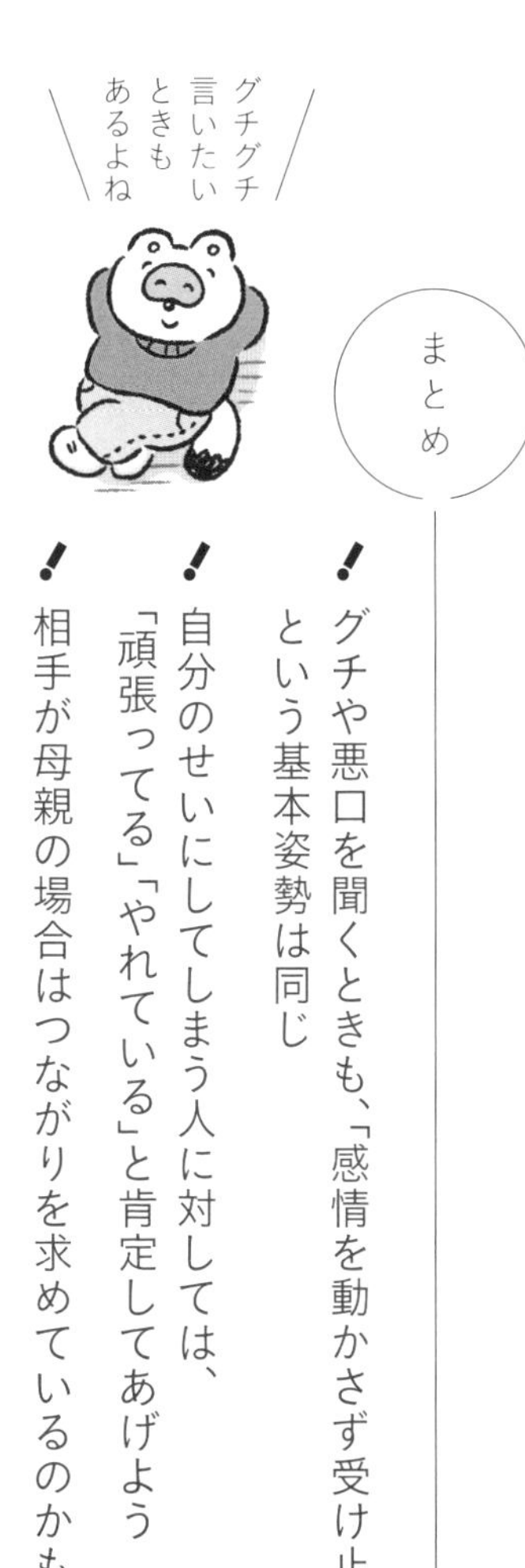

まとめ

- グチや悪口を聞くときも、「感情を動かさず受け止めるだけ」という基本姿勢は同じ
- 自分のせいにしてしまう人に対しては、「頑張ってる」「やれている」と肯定してあげよう
- 相手が母親の場合はつながりを求めているのかも

深刻な打ち明け話はどう聞いたらいい？

タヌキくんには話すけど…

実はボクね
□□×
□○○…

深刻な話だなぁ…

へえ、そうだったんだね

こんな大事なこと打ち明けてくれるなんて…

ブタくんの気持ちをそのまま受け止めよう

聞いてもらえて安心したよ

タヌキくんありがとう

このプリンすっごくおいしいね〜

ホント、おいしい〜

友達から打ち明け話をされて反応に困る……

自分の幼い頃の不幸な体験や身内に関する外聞の悪い話、あるいは重い病気を患っているなどといった、**深刻かつ、かなりプライベートに踏み込んだ内容を打ち明けられたときにはどうしたらよいのでしょうか。**急な話に驚いて、どう反応してよいかわからなくなる人も多いでしょう。大切な相手だからこそ「傷つけたくない」「変に反応したら悪い」などと悩みますね。

どのような内容の話でも、**結論としては、普通の話を聞くのと同じように受け止めればOKです。相手が友達であっても、いっしょに暗い気持ちになったり、涙を流したりなど、相手の立場になって疑似体験する必要はありません。**

まず、相手がなぜ、そんな話を打ち明けてくるのかを考えてみましょう。

例えば、親しい友人から、話のなかで「障害のある姉がいて、家を出たいけれど母も私を頼りにしているからなかなか自立できない」などと打ち明けられたとします。この場合、**「ありのままの自分を受け入れて欲しい」「距離を縮めたい」などの思いから打ち明けてくれたと考えられ、相手も勇気を出して話してくれている可能性があります**。

自分にその相手と仲良くなりたい気持ちがあれば、こちらからも歩み寄って話を聞きましょう。「話してくれてありがとう」という気持ちで聞き、その情報を真摯に受け止めてあげるだけでよいのです。「それは大変」「かわいそうに」などと、大げさな反応や勝手な評価をしたり、「家を出るべきだ」などとアドバイスをしたりするのは、かえって相手を傷つけてしまうことになりかねません。

ただし、**ほとんど話したことがないのに、いきなりプライベートな話から入ってくる相手の場合は注意が必要です**。他人との適切な距離がわからないタイプの人だったり、依存心が強く、相手を支配しようとするタイプの人だったりする可能性があります。

信頼されていると思って相手のペースにのって話を聞くと、「私が話したのだから、あなたも話して」と、要求してくるかもしれません。こうした人とは距離を置いたほうが賢明です。

まとめ

- 友達の深刻な話でも、普通の話を聞くのと同じ態度でＯＫ
- 打ち明け話は相手からの距離を縮めたいというサイン。応えたい場合は親身になって聞こう
- 初対面などで打ち明けてくる相手はよく見極めて

自慢話や、マウンティングをされたときは？

ドングリ集めるの大変だね
ぼくも手伝ってあげる

わぁ、ありがとう

おや、そこのきみ

いまだに古代のやり方でドングリを集めているなんてうらやましいなあ！

ゴゴゴゴ

ゴゴゴゴゴ

最新式にしちゃったもんだからメンテが大変でさあ～
ハハッ

へえ、そうなんですね

ケッ

ママ友のマウンティング合戦がはてしない……

「うちはもう、バッグはここのブランドって決めてるから」

「私って太れなくて……あなたはグラマーで羨ましい」

「父親が東大出てるから、この子もそれなりの幼稚園に入れないとねえ」

などなど、自慢話やマウンティングが好きな人も世の中にはいるものです。こうした人は承認欲求が強く、「すごい」と思われたいがゆえに、自らアピールしてきます。

裏を返せば、**素の自分に自信がないので、ブランドや見た目、学歴、お金といった、わかりやすい価値の力で自分を光らせようとしているのです。**こうした話は相手にしないで放っておきましょう。

ただそうはいっても、実際にされてみるとやはりイライラしてしまうものです。

「そうなんだ、すごいね。うちは余裕ないし、うらやましいな」などと返しても、自慢話やマウンティングがおさまることはないでしょう。

自慢話やマウンティングには、どう対応すればよいのでしょうか。

「へー」「そうなんだ」などと、ひたすらスルーに徹すること。「会話はキャッチボール」といいますが、投げてきたボールをキャッチしては、「投げ返さないで落とす」を繰り返しましょう。

自分からすれば、相手はうらやましい立場かもしれません。しかしその気持ちを直接ぶつけるのは、相手の思うツボ。自慢話をどんどんエスカレートさせてしまいます。イライラやストレスは関係のない友だちに話すなど、どこか別のところで発散させましょう。

基本的に、自分の価値観をしっかり持っていれば、マウンティングされても「人ごと」と受け止められるので、「へー」で済みます。ただし**相手が自分と近い立場にあるほど、コンプレックスを刺激されて感情が乱れます。ママ友の間でマウンティングのトラブルが起こりやすいのも、同じ年頃の子どもを持つ母親として立場**

が近く、共通項も多いためです。

自慢話をされてイライラしたらそのことを思い出しましょう。「イライラしてあたり前なんだ」とスッと気持ちが落ち着き、「人ごと」と距離を置いて聞くことができます。

まとめ

- マウンティングの場合は会話のキャッチボールをせず、投げ返さないで落とす
- 自分の価値観をしっかり持っていれば、マウンティングに動じない
- 立場が近く、共通項が多いほど感情が乱されやすい

最近バイト先の新人さんから相談されることが多いんだけど、やっぱりどう返していいかわからなくて…

簡単でベストな対応パターンがあるよ

STEP 1
いったん受け止める

そうなんだね

気が重い

STEP 2
質問で返す

どうして気が重いの？

実は…

STEP 3
傾聴&肯定

そしてひたすら

うん うん

「うん、うん」とうなずくだけでも、話し手に安心してもらえるよ

この3ステップでどんな相談にも対応できるんだよ

へえ〜！便利だね

後輩から転職の相談を持ちかけられた

進路や人間関係、恋愛問題、家族とのトラブル……どんな相談にも対応できる方法があります。それが、「質問に質問で返し、相手の気持ちを聞く」ことです。

例えば、職場の後輩から「転職したいんですけど、どう思いますか？」と聞かれたら、「そうなんだね」といったん受けてから、「どうして転職したいの？」と聞きましょう。そうすることで、「新しい上司とうまくいってなくて……」「残業が多くてプライベートとの両立が大変で……」などの気持ちを話してもらえます。相手が本当に欲しているのは、転職に関する具体的なアドバイスというよりも「気持ちを聞いてもらうこと」です。なのでその本音をまずはそのまま受け止めましょう。それでも「先輩ならどうしますか？」と意見を求められたら、そのときは「私はこう思う」とアイメッセージ（↓84ページ）で伝えます。

自分の行動、自分の将来に関する答えは、自身の中にあるものです。その答えを見つけるまで、「傾聴」「簡単受容（→102ページ）」の態度で手伝いましょう。

難しく考えず、ときどき相手の目を見ながら、うなずいているだけでもOKです。

話を聞いていると、同じ言葉を何度も繰り返したり、原因と結果がループしたりしているように感じられることもあるでしょう。それでも「それ、さっきも聞いたよ」などと言わず、繰り返している言葉を使って「○○なんだね」と返してください。繰り返し使う、ループするということは、そこにこだわりが強いということ。納得できるまで時間をかけることで次のステップに進めることも多くあります。

悩んでいるときは、真っ暗な迷路を歩いているようなもの。大切な相手であれば自分のできる範囲で迷いにつきあいましょう。

また、**話を聞いていて、自分の感情が動いてしまうようだったら注意が必要です。自分も同じような悩みや経験を持っていて、「人ごと」という目線を貫けなくなっているからです。**「私もこんなことがあった」などと、自分の話を持ち出したくなるかもしれません。そんなときは、「同じ悩みがあるから、話を冷静に聞けないかも。ごめんね」と伝えてから、「私は○○だと思う」と、アイメッセージで語りながら、コミュニケーションを深めていけばいいのです。

まとめ

- いったん相手の話を受け止めてから「どうして？」と質問返しをしてみよう
- 傾聴と簡単受容で、相手の気持ちを聞くことに徹しよう
- 自分の感情が動いたら、同じ悩みを持っているからかも

怒っている相手の話を聞くコツは？

飲み会の席で、同僚が急に怒り始めた

人の話を聞くときに便利なのが、「相手の言葉をそのまま返す」というテクニック（↓69ページ）です。

（↓69ページ）

例えば「別れを切り出されて、つらくて、涙が止まらなくて」に対して、「泣いちゃうぐらい、つらかったんだね」などと、気持ちの部分を取り出して、同じ言葉で返すと、相手の感情を受け止めつつ、共感を示すことができます。

ただし、**怒っている相手にだけは、このテクニックは使わないでください。火に油を注ぎ、怒りがエスカレートしていくだけだからです。**

実は「怒り」とは、「悲しい」「つらい」などのもともとの感情（一次感情）から生まれる感情（二次感情）で、人間の感情の中でも特殊なものです。

怒っている人に対処するためには、まずはその「もともとの感情」を突き止めることが大切です。

例えば、会社の同僚が飲み会の席で、「ちょっと聞いてくれる!?」と持ちかけてきたら、まずは「何があったの?」と聞きましょう。

「後輩が取引先に私の悪口を言ってたんだけど! 本当にムカつく!」と怒り始めたとしたら、「悪い評判を立てられて困る」「悪く言われて悲しい」などが、もともとの感情かもしれません。もともとの感情がわかったら、「悲しかったんだね」などとその部分に共感してあげましょう。

また、**怒りのもとになっているのは「悲しみ」であることが多いものです。優しく対応することで、怒りがおさまることがよくあります。なるべく落ち着いた声と態度で対応しましょう。**過剰に反応してしまうと相手をますます逆上させてしまいます。

ほかに怒っている人をなだめるのに有効な手段としては、「ちょっとトイレに行ってくるね」などと、いったん席を外すことも考えられます。そうすることで話し手が１人になる時間をつくり、冷静になってもらうことができます。また、場所を変えることによっても人の気分は変わるため、ゆっくり聞くと言ってお店を変えることも有効です。

まとめ

- 怒りには必ずもとになっている感情がある
- もともとの感情に共感して受け止めてあげることが大切
- １人になってもらったり場所を変えたりして、冷静になってもらうのも手

テンションが高い相手にはどう対応する？

カエルさんオメデトー
ありがと！パーティー楽しんでってね！

２人とも幸せそうだね
うん、とっても素敵
そこのきみ～！飲んでるか～い

ホラ、おめでたい席なんだからさ！
パァ～っといこうよ！
あ、そうですね
おー、きみはノリがいいねー！
いや、それほどでも

ひー！助けて！
アーハハ！かんぱーい
カエルちゃんがみちガエルなんつって～

ダジャレを連発する上司に対応しきれない……

ダジャレ連発おじさんはどの組織にも１人はいることでしょう。例えばちょっとお手洗いに行くことで断りを入れたときなどに、「トイレ？　いっといれ！　なーんちゃって！」などと、わざわざ大声で周囲の人に知らせ、テンション高く騒ぎ立てたりします。最初は「もー！　やめてくださいよー！」などと反応できますが、度重なると、返事のレパートリーも、言葉を返す気力もなくなりますよね。

こうした周囲の雰囲気に関係なくテンションが高い人に対しては、どう反応していいか、いちいち考えるのも面倒になってしまいます。また迷惑がっているまわりの雰囲気に気づかない、あるいは無視していいと思っている自己中心的な態度にイライラして、疲れを感じてしまうものです。

こうしたしょうもないダジャレでなくても、数人での会食や飲み会といった席で

のテンション の高さに疲れる、という人もいるでしょう。そうした席では必ず盛り上げ役がいて、「飲んでるー?」などと、乾杯を強要してきたりします。

あまり興味のない話題であっても、テンション高くつきあわなければならない雰囲気があり、聞き上手さんのように場の空気を読めてしまう人ほど、無理していっしょになって盛り上がり、後になって倒れ込むほどに疲れてしまうことがあります。

こうしたシチュエーションであっても、「疲れない聞き方」の態度を貫くことをおすすめします。いくら相手が騒いでも、それは相手の勝手。自分は「ふーん、そうなんだ」と、平静を保ちましょう。128ページで、マウンティングは放っておいていいとお伝えしましたが、同じように考えましょう。

ダジャレおじさんというのは、「やだー!」「寒ーい」などの反応を、「女性にもてる」「若いやつともコミュニケーションがとれる」などと思っている可能性が高いです。そういう人はこちらが大げさに反応すると、その傾向に拍車がかかってしまうので、「それダジャレですね」と、無視しない程度にうなずきながら聞いていているだけでＯＫです。

飲み会については、今は「気が進まなければ行かない」という態度も市民権を得てきました。疲れているとき、気分がのらないときには無理して行かないほうがいいでしょう。

いっしょに食事をしたり、お酒を飲んだりするのは、コミュニケーションをとる上で有意義です。ゆっくり会話を深めたい人とだけにしてよいと思います。

まとめ

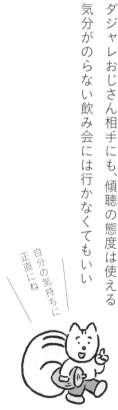

- 相手のテンションの高さにつきあう必要はない
- ダジャレおじさん相手にも、傾聴の態度は使える
- 気分がのらない飲み会には行かなくてもいい

あまり親しくない人とどう話せばいい？

新人のイヌくんだ
よろしくお願いします
よろしくね
休憩時間
しーん
イ、イヌくんはお家はどのあたりなの？
お店の右斜め向かいのマンションです
へえ！近いねえ
ハイ
…コーヒーは好き？
普通です
どうしよう…何か話さなきゃ
しぃぃぃ〜ん
ゴク…

無口な相手と、一問一答のラリーに疲弊する

初対面に近い相手と話さなければならない場面も、仕事や日常生活の中ではあるものです。そんなとき、何を話せばよいかわからない、会話が続かなくて疲れてしまう、といった声がよく聞かれます。

とくに**相手が無口な人だと、「家はどのあたり？」「食べ物で苦手なものはある？」などと気をつかって質問しても、その返答だけが返ってくる、というようなことがよくあります。気詰まりな沈黙を避けるために、次々と質問を繰り出してヘトヘトに。**場の空気が読める聞き上手さんならなおさらです。

相手もちょっとは会話を続ける努力をして欲しい、と思いますよね。

会話が苦手と感じる人によくあるのが「沈黙が怖い」という心理。初対面の人や、そこまで親しくない人が相手だと、とくに話す必要があったり、話すのが好きなわけではないのに、沈黙を埋めるためにしゃべってしまいます。一方で、長年連れ添った夫婦のような関係だと、互いに黙っていたとしても気にならないはずです。つまり、**親しくない相手の場合、黙っていると何を考えているかわからないため、不安になるのです。**実際には親しくない相手との会話で沈黙が続いた場合でも、相手が怒ったり気分を害したりしているわけではないことがほとんどです。なので、それほど気にする必要はありません。

カウンセリングをしていると、答えが返ってこないということもあります。とくに初めての方とのセッションは、互いに沈黙のうちに終わってしまうことも。それぐらい、気持ちを話すのは難しいことです。どれだけ辛抱して待てるかで、次のときに心を開いてもらえるかが決まるともいえます。

無口な相手には質問の仕方を変えてみるのも有効です。例えば、「動物好きだっけ？」と聞いても「好きだよ」「あんまり好きじゃないかも」など、ひとことで答えられるためすぐに会話が終わってしまいます。これに対し、「何の動物が好き？」

と聞けば「もふもふしてるやつかな」など相手の答えの幅が広がります。

前者のように「はい」「いいえ」の2択で答えられる質問をクローズドクエスチョン、後者のように聞かれた側が自由に答えられる質問ををオープンクエスチョンといいます。 状況に応じて使い分けてみましょう。もし、会話が盛り上がらなくても、相手はそれほど気にしていないことも多いので、頑張りすぎなくて大丈夫です。

まとめ

- 会話の中で沈黙が訪れても、気にしすぎなくて大丈夫
- オープンクエスチョンで質問すると1問1答にならなくてすむ
- 気持ちを誰かに話すのは難しく、言葉にするまでに時間がかかる場合がある

タヌキくんのまとめノート④

いろんな人の話を聞くとき

①みんなの話を同じように聞かなくてもいいし、自分に余裕がないときは聞かなくていい。

②母親や友人からのグチや重たい話でもいつも通りに聞けばＯＫ。

③マウンティングやテンションの高い人の話には反応しない。

④相談してくる人には、「どうしてそう思うの？」と聞いてみる。

⑤怒っている人には共感しない。

⑥無口な人と話すときには、沈黙を怖がりすぎないで、待つことも大切。

COLUMN 4

カウンセリングの現場から④

人見知りな私が変わった理由

今でこそ、講師として人にカウンセリングスキルやコミュニケーションを教えている私ですが、昔は人づきあいが苦手で、誰かと話をするのも緊張するほどでした。

そんな私が変わった理由を考えると、2つほど思い当たります。

まず、通っていた高校の教育方針です。「書く・話す」といったアウトプットの訓練をとことんさせられました。カウンセリングの指導をしていても感じるのですが、場数がコミュニケーションスキルアップのコツだと確信しています。

次に、大人になってからの人づきあいです。職場でもコミュニティでも特定の誰かと仲良くするのではなく、幅広く付き合うようにしました。必然的に適度な距離を保つことができ、閉鎖的なグループの中で起こりがちな人間関係の息苦しさから解放されました。人間関係が多岐にわたると、さまざまな思考に触れることで物事をより多角的にみられるようになり、さらに人とのかかわりが楽になっていきました。必要な時につながれる人がいることで気持ちのゆとりも生まれます。一方、付き合っていて自分が苦しくなる相手とは思い切って距離を置くことも大切だと感じるようになりました。

第5章

気持ちが楽になるプチ習慣

マンガ
思ったことは伝えるべき？
タヌキくーん!!
イライラ
あ、リスくん
どうしたの？しかめっ面なんかしちゃって
うーん…
話すとグチになっちゃうから…
別に、グチだってマイナスなことだって
思ったり話したりしていいんだよ
いいの!?
だってそれがタヌキくんの気持ちなんでしょ？
うん…
そっか、気持ちを素直に話してもいいのかぁ

後日
甘味亭
甘味亭
甘味亭
ねぇブタくん
貸してくれるって
言ってた本、
持ってきた？
もちろん！この
カバンの中に…
ワクワク
あれ～？
忘れ
ちゃった
みたい
ゴソ
ゴソ
次は持って
くるね！
オッケー…
ハッ!!
マイナスな
ことだって
話したりして
いいんだよ
ヒドイ
よ！
もう！
楽しみに
してたのに！

次の日
あー!! 言い過ぎちゃったかも…

いやいや！思ってることは言った方がいいもんね！
でも！ブタくんを傷つけちゃったかもしれない！

リスくん、どうしたらよかったのかな？
ごめんね、ボクの言い方が悪かったかも

一番伝えたかったのは、
自分の気持ちを否定しないってことさ

忘れられてショックっていうタヌキくんの素直な気持ちを自分で認めて感じることが大事なんだ

口に出すことも大事だけど、思ったこと全部言わなくていいんだよ

それと、
言い方も大切だよね
あーー!!
じゃあやっぱり言わなきゃよかった!
どうしよう!!
普通にごめんねって言ってみれば?
意外と相手は気にしてないかもしれないよ?
そして・・・
ブタくん!
ごめんね!
こっちこそごめんね
はい、これ!
おきえた
おもしろいんだ、コレが
わーい!ありがとう

プチ習慣① 自分の気持ちを知り、口に出す

もじもじ

うわぁ！なに？気になる事でもあるの？

いや、別に

伝えたいことをずっとがまんしていると

自分が何を考えているのかわからなくなるんだよ

ハテ

それなら早く伝えなきゃ！

リスくん、ハッピーバースデーの気持ちだよ！

ハイ！

アリガトウ

人も自分も、どちらも大切

本書のテーマとなっている、「疲れない話の聞き方」。相手の話をそのまま受け止めることが大切とお伝えしてきました。でもこれは、**他人本位、つまり自分を犠牲にして他者を立てることではありません。他者理解は〝自分理解〟でもあります。自分を大切にできるからこそ、他者も大切にできるのです。**

「聞き疲れ」の悩みを持っている皆さんは、とくに自分のことより他人のことを先に気づかうことが多いのではないかと思います。

これは、日本人によくある傾向です。日本の教育は他者優先。「人に迷惑をかけないように」「人の気持ちを考えなさい」などと子どもの頃から教えられてきました。こうした心の持ち方には、集団生活がうまくいく、意見の折り合いをつけやすい、などのプラス面もあります。

一方で、自分の意見が言いにくい、というマイナス面もあります。言いたいことがあっても、飲み込んでしまうことが多くなりがちです。

こうしたことをいつも繰り返していると、24ページで説明したように自分の意見がわからなくなり、どんどん自分で決められない人間になってしまいます。そうすると、他者や周囲に振り回されやすくなります。「みんながやっているから」「流行っているから」と、自分の行動や食べ物、服装を選んでしまうのはそのためです。

みなさんにおすすめしたいのは、**「自分はどう思っているんだろう?」ということを、常に自分に問いかけて、自分の中で否定しないこと。**「こっちの案の方がいいと思う」や「上司に怒られてムカつく」「おなかすいたなあ」など、わき上がってきた思いや感情をそのまま感じてみましょう。

そして、ときには自分の考えや思いを相手に伝えることも大切です。

自分の気持ちを気軽に話せる人、場所がいくつかあるといいですね。聞き手の負担にならないように、分散させて小出しにするのがおすすめ。自分の気持ちを話すのが難しい場合は、「今日こんなことがあった」など、まずは起こった出来事から話していくとよいでしょう。話すより書く方が得意な人は、日記をつけるのも有効です。

まとめ

- 自分を大切にできないと、結局、他者のことも大切にできない
- 感情や意見を表に出さないでいると、自分の気持ちがわからなくなっちゃう
- 気軽に話せる人や場所を見つけ、こまめに自分の気持ちを話すことが大切

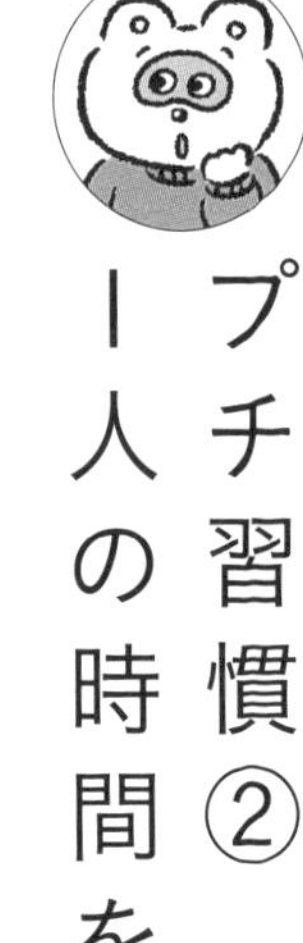

プチ習慣② 1人の時間を持つ

リスくんは、1人でいてもさみしくなったりしないの？

誰かといる時間も大事だけど、1人でいる時間も大事にしてるんだ

ぼく1人だと何をしていいかわかんないや

何もしなくていいんだよ

んー！

ただボーっとするだけでも

そうなの？

・・・。

アレ？？

どしたの？？

・・・。

人の目を気にせず、ボーッとできる時間を

１人の時間と誰かといる時間、人間には両方が必要です。ぜひ生活の中に、１人の時間を持つようにしてください。

１人の時間は、自分と向き合う時間です。前項でお話ししたように、自分は何を思っているか、どう感じているかと自身に問うことがとても大切です。

人はみな、誰かといるときには緊張して、他人の目を意識した態度や行動をとってしまいます。とくに相手の気持ちを察して気をつかうことの多い聞き上手さんならなおさらです。自分だけの時間を持つことによって、気持ちをリセットすることが必要です。ニュートラルな自分に立ち返りましょう。

例えば自分の部屋など、１人になれる空間でゆっくり過ごすのはもちろん、散歩をするのもＯＫです。通勤電車の中も、他人の目を意識しなければ実は１人時間。

他者を気にせず、ボーッとできる時間があればよいのです。

スキマ時間でカフェに行き、スイーツなど、好きなものを食べるのもおすすめです。ドラマを見たり、小説を読んだりするのも1人の時間に含まれます。ドラマの世界にひたって、怒ったり泣いたり、感情をあらわにするのもおすすめです。それは自分との対話になるからです。また、感情を吐露することによるカタルシス効果（→106）も得られます。とにかく、その時間を自身が満喫して過ごせれば、たとえ短くても、どんなことをしてもよいのです。

ただし、**SNSを見たり、書き込んだりするのはおすすめできません。物理的には1人でも、精神的に1人になることができないからです。SNSは本来、人と関わるためのツールです。**他人の投稿を読むだけであっても、心が乱される要因になります。また、「何か反応をしなきゃ」と、他人の目を気にすることにもなります。

読者の皆さんの中には、仕事や子育てなどで、時間の余裕も心の余裕もまったくない、という人もいるでしょう。仕事しながら育児をして、家事もしていると、本当にそうだと思います。

そういう人には、**完璧を目指さないこと、「〇〇でなければいけない」という考えを手放すことをおすすめします。**また、頼れそうな人がいるのであれば思いきって頼ってみるのも１つの方法です。

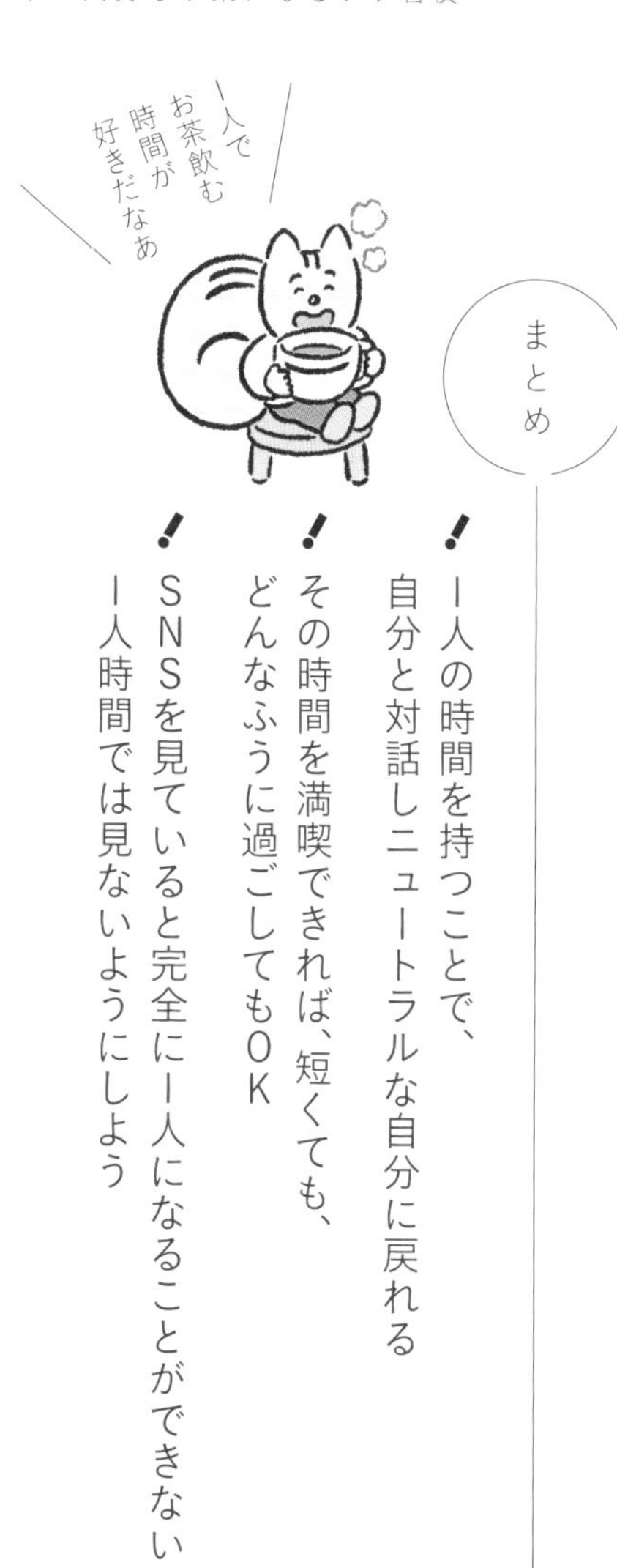

まとめ

- １人の時間を持つことで、自分と対話しニュートラルな自分に戻れる
- その時間を満喫できれば、短くても、どんなふうに過ごしてもOK
- SNSを見ていると完全に１人になることができない１人時間では見ないようにしよう

プチ習慣③「〇〇するべき」をやめてみる

わー！
遅れる
遅れる

急げ
急げ

なんだあ、こんなに
急いだのにブタくん
遅刻かあ

ゼェー
ハァー

ゴメーン

ってことがあってさ
ぼくは急いだのに
ブタくんヒドイや！

おかげで
ドッと疲れちゃった

「時間は必ず
守るべき」の
決まりを少し
ゆるめてみたら？

まぁまぁ

「こうだったらいいな」
ぐらいにゆるめて
考えられたら

自分も楽だし
人間関係も
うまくいくと思うよ

他人の目がいい意味で気にならなくなる

聞き疲れをする人には、まじめで、「こうあるべき」と、自分を強く律している人も多いです。**こうした「べき」思考が強すぎると、自分も他者も、どんどん追い詰めることになってしまいます。**

例えば「時間を守らなければならない」と強く思っている人は無理をして時間を守っている分、自分にストレスをかけています。そのため時間にルーズな人をみると、「自分は遅刻しないように頑張っているのに」と余計に腹が立ち、批判したくなってしまいます。他人にマイナスな感情を抱くことで、さらにストレスを感じてしまうのです。「べき」思考が強いかどうかは長年培われた思い込みによることが多く、簡単に変えるのは難しいのが実際のところです。相手も自分も嫌いにならないためには、それを、**「こうだったらいいいな」ぐらいにゆるめていくことが大切です。**

「べき」思考が強いと、身近な人や自分の生活圏内にいる人にもそれを押し付けてしまいやすいので気をつけましょう。誰もが1人の人間として、自立した存在です。親しい人であっても、その言動をコントロールすることはできません。

もし、身近な人に対して「こうしてくれればいいのに」という気持ちが出てきたときは、「自分は今、他者をコントロールしたくなっているな」と自覚するようにしましょう。

そして自分自身も解き放ってください。本書でもいろいろと、聞き方のテクニック、そして自分を表現する方法などを説明してきました。でも、「こうしなければならないんだ」と、強く思いすぎないようにしてください。

完璧な人などいませんし、完璧にしなければいけないわけではありません。例えば相手の話を聞いていて、つい口を挟みたくなったり、余計なことを言ってしまったりすることはよくあります。それはそれでいいのです。

「あー、失敗したな」「どう思われたかな」と気に病むぐらいなら、「こんなこと

言ってごめんね」と相手に言ってしまったほうがスッキリします。案外、相手は気にしていないものですし、覚えてさえいないこともよくあります。

ゆったり構えて、どちらかといえば「自分に甘い」ぐらいの気持ちで過ごしていきましょう。このことにより、他者にも広い心で接することができ、あたたかな関係が生まれます。「人にどう思われるか」といった縛りから自分の心が自由になり、素直な気持ちを表現できるようになります。

まとめ

- 「べき」思考が強いと、自分も他人も追い詰めちゃう
- 思っているほど、人は他人のことを気にしていない
- 自分を許すことで他人にも寛容になれ、あたたかな関係が生まれる

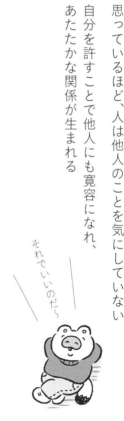

タヌキくんのまとめノート⑤

やってみるといいこと

①自分が何を考えているのか、自分に聞いてみる。
マイナス感情でも否定しない。

②伝えたいことをがまんすると、
自分の気持ちがわからなくなっちゃう。

③１人の時間を持つ。
カフェに行く、ドラマを観る、
ぼーっとするなど。
人目を気にしなければ通勤時間も
１人時間にできる。

④言い過ぎたり、
失敗したりしたら謝ってみる。
意外と相手は気にしてない。

マンガ
完璧にできなくても大丈夫
ちょっと聞いてヨー
どうしましょ
悲しいよー
もう伊やだ～
ガチャン
ハア…

木の実　このまま
着のみ　着のまま
ピンポーン
ガチャ
ハーイ…
リスくん
やっほー
急に
どうしたの？
まあ入ってよ！
へへへ、
ちょっと
ね…
おじゃま
しま〜す
ホットミルクで
いい〜？
ありがとう！
突然
押しかけちゃって
迷惑だったかな
タヌキくん
元気ない
みたいだけど
何かあった？
うん…
実はね
ぼく、自信が
なくなっちゃったよ

疲れない聞き方とか教えてもらったけど、やっぱり完璧にはできなくてさ
ハイ
結局いつもと同じで…
疲れちゃった…
話聞くのに向いてないのかな
完璧にできなくたって大丈夫だよ
実際まえよりしんどくないいんじゃない？
えっ⁉
たしかに、前よりはしんどくない気がする…
それそれ！
無理せず、その調子でいいんだよ
エヘヘ
そうかなぁ

うん
うん
そっか…
そうだよね！
ぼくは
ぼくのままで
いいんだ！
ゴクゴク

ぷぅ〜
安心したら
おなか
すいちゃった
ホットミルク
飲んだのに〜

そういえばこの前、
新しいラーメン屋さん
見つけたから食べに
行かない？
わぁ
行く行く

おわりに

なぜ聞き疲れをしてしまうのか。

本書を読んだ皆さんには、もうおわかりいただけたことと思います。

今の時代、先々の不安や人間関係、仕事、悩みのもとを探せばきりがありません。情報も多く何を信じればよいのかと迷うこともあると思います。

でも、「自分はこうしたい」という意思がしっかりとあれば、周囲に振り回されて、混乱したり、こころに傷を負ったりすることは最小限に抑えられます。

自分自身の精神を強くしなやかにするためには、自分自身そして他者との関係がとても大切です。

そして、わかり合うために必要なのは、言葉によるコミュニケーションです。

そのままを受け止めてくれて、安心して話すことができる、そんな相手がいるのはとても素敵なこと。会話という素晴らしいコミュニケーションツールを活用して、人生の可能性をもっと広げていきましょう。最後に私が信条としている言葉で締めくくりたいと思います。

「この世で、たった一人でも受け入れてくれる人がいれば、また頑張って生きていける」

（カール・ロジャーズ）

大野萌子

参考文献

『伝え上手、聞き上手になる！介護職のための職場コミュニケーション術』
（大野萌子　著、中央法規出版）

『言いにくいことを伝える技術』
（大野萌子　著、ぱる出版）

【著者】
大野 萌子（おおの もえこ）

一般社団法人日本メンタルアップ支援機構（メンタルアップマネージャ©資格認定機関）代表理事、産業カウンセラー。企業内カウンセラーとしての長年の現場経験を生かした、人間関係改善に必須のコミュニケーション、ストレスマネジメント、ハラスメントの分野を得意とする。内閣府をはじめ、大手企業、大学等で年間150件以上の講演・研修を行う。また、だれでも参加できる「生きやすい人間関係を創る」コミュニケーションスキルを1日で学べる「メンタルアップマネージャ®資格取得講座」を開催。著書『「かまってちゃん」社員の上手なかまい方』（ディスカヴァー・トゥエンティワン）『よけいなひと言を好かれるセリフに変える言いかえ図鑑』（サンマーク出版）ほか。NHKをはじめ、テレビ、ラジオ、新聞などのメディア出演・監修多数。https://japan-mental-up.biz/

本文デザイン・DTPデザイン　有限会社タイプフェイス（谷関笑子）
本文マンガ・イラスト　田中チズコ
執筆協力　圓岡志麻
編集協力　有限会社ヴュー企画（野秋真紀子／加藤朱里）
編集担当　遠藤やよい（ナツメ出版企画株式会社）

『聞き上手さん』の「しんどい」がなくなる本
自分も相手も嫌いにならない話の聞き方

2021年3月5日　初版発行

著者　大野萌子　©Ono Moeko,2021
発行者　田村正隆
発行所　株式会社ナツメ社
東京都千代田区神田神保町1-52　ナツメ社ビル1F（〒101-0051）
電話　03(3291)1257(代表)
FAX　03(3291)5761
振替　00130-1-58661
制作　ナツメ出版企画株式会社
東京都千代田区神田神保町1-52　ナツメ社ビル3F(〒101-0051)
電話　03(3295)3921(代表)
印刷所　ラン印刷社

ISBN978-4-8163-6971-1
Printed in Japan